環境責任

CSRの取り組みと視点

勝田 悟 [著]

中央経済社

はじめに

　2015年9月に国連でSDGs（Sustainable Development Goals：持続可能な開発のための目標）が採択され，環境責任に関する2030までの国際的な新たな取り組みが作られた。2015年までの目標であるMDGs（Millennium Development Goals：ミレニアム目標）を受け継いだ次の活動が始まっている。また，「気候変動に関する国際連合枠組み条約」に関しても2015年12月に「京都議定書」に代わる新たな目標として「パリ協定」が採択された。この協定の注目すべき点は，米国，中国が参加したことである。世界の環境保護に関した動向は転換期を迎えたといえる。

　企業の環境活動は，過去の公害（地域環境）の発生以来，越境汚染，地球環境と対象の幅が広がり，国際的に達成すべき環境目標が変わったことで新しい局面を迎えることになった。汚染者負担の原則に基づき，環境汚染は環境コストそのものであり，以前は経営面での負荷と捉えられてきたが，今後環境性能は商品の機能の一部として研究開発を行い，経営戦略の柱の1つとしていかなければならない。

　国際的な金融面での変化は，バーチャルな世界で瞬時の変化に反応するが，製品開発（環境商品開発）を含む環境活動は，中長期的な期間をかけて漸次進展していく。このことから，知らぬ間に格差がついてしまう性質を持つ。いわゆる地道な活動の積み重ねが重要であり，深い理解の元で行わなければ大きく軌道から逸れて行ってしまうおそれがある。

　CSR（Corporate Social Responsibility：企業の社会的責任）としての環境活動は，企業経営にとって守りと，攻めの両面をもっており，バランスよく実施していかなければ，持続可能な発展は望めない。しかし，非財務情報であるCSRレポートでは，企業間の明確な差を示しにくく，財務情報のように数値による評価は難しい。この乖離が正確な評価の障害となっている。例えば，資源は量で表示することができ，採掘可能量が減少すると価値が上昇するが，増加または供給過剰となると価値は低下する。環境汚染は，資源消費が増加すると悪化す

るため，資源不足になると環境問題と同様に扱われるが，資源が安価となると環境問題を無視した評価となる可能性が高い。また，再生可能エネルギーの普及は，環境保全と見なされることが多いが，エネルギー資源として捉えると，前述と同様な問題が発生する。メガソーラー（ソーラーファーム），ウインドファーム，ダムによる発電などは，広大な自然を破壊して作られている。都市などへの安定したエネルギー供給を中心にすると環境保全とは相反してしまう。自然は，生物にとって最も貴重な生態系を維持するためのもので，バイオマスの持続的な供給を行っているものである。したがって，生物多様性の破壊，炭素の固定化を失うことによる地球温暖化問題をも発生させる。この状況から考えると，再生可能エネルギーの安易な普及が，環境保護，環境CSRとは見なしにくい。企業イメージ向上は簡単に崩れ去ってしまうおそれがある。

環境CSRの評価は極めて複雑なものであり，広い視点で客観的に環境保護を考えなければならない。フォルクスワーゲンのディーゼル自動車の排気不正事件のように，環境保護を謳いながら販売戦略を行ったことが逆効果になることもある。ただし，自動車運転者が，排気のことを考えて自動車を購入はしていないと主張している人もいる。また，燃費向上は環境保護のためというより，消費者サイドからは燃料費の節約を中心に考えている人も少なくない。燃料費が安価になれば気軽に燃料を消費するようになる者が多くなるのが現実である。「持続可能性」という言葉は，未だ社会的に十分に理解されていないと思われる。

従来よりトリプルボトムラインとされる環境，社会，経済は，そもそも矛盾がある。経済と社会は，独立に存在しているが，短期的には環境はそれらに影響されるといった一方方向の面が極めて強い。中長期的な視点に基づけば，環境は，経済，社会に大きな影響を与える。したがって，CSR活動を行う際に，理解されることが難しい環境保護は，計画的に行わなければ容易に評価されることはない。リスクコミュニケーションを踏まえ，しっかりとしたビジネスモデルを作り上げなければならない。

しかし，環境破壊による生活への悪影響は確実に増加しており，これから環境保護に関する世界的な理解が少しずつ向上していくことは間違いない。本書

ではこの変化に対応するための基本的な動向と考えを示した。新たな環境保護進展の一助となれば幸いである。

　最後に，本書の出版にあたり中央経済社　杉原茂樹編集長に大変お世話になり，ここに改めて感謝したい。

　2016年7月

勝田　悟

CONTENTS
環境責任
CSRの取り組みと視点

はじめに　i

第1章　環境経営の視点 ………………………………………… 1

1-1　環境活動の基本的考え方 ……………………………………… 2
　(1) 企業活動による環境汚染，環境破壊はコストである　3
　(2) 環境性能は，商品性能の一部である　4
　(3) 環境配慮商品・事業の競争力は，自然の変化の速度で格差を生じさせる　5
　(4) 研究開発の評価項目に環境配慮は不可欠である　6
　(5) CSRとしての環境活動は，企業経営にとって，守りと攻めの両面をもっている　8
　(6) 企業イメージのみで環境活動を行うと経営戦略のミスを誘う　9
　(7) 教育訓練不足は，重大な事故につながる　12
　(8) 環境汚染・破壊，または関連の事件を発生させたときは事実とその対処を公開する　15
　≪より深く学ぶために≫　17

1-2　注意すべき点 …………………………………………………… 25
　(1) 環境対策の遅延による環境コストが増大　25
　(2) 政府，自治体が実施する経済的誘導策への対応　26
　(3) 消費者における経済性の視点と環境性能との乖離　28
　≪より深く学ぶために≫　30

1-3　目標の設定 ……………………………………………………… 32
　(1) 経済目標と環境目標の相違　32

(2) 事業所内の環境保全活動　33
　　① 環境管理目標　33
　　② バックキャスティング目標　34
　　③ フォアキャスティング目標　36
(3) 環境商品の性能　38
≪より深く学ぶために≫　40

第2章　国内外の動向 …… 43

2-1　持続可能な開発のための目標 …… 44
(1) 持続可能な開発概念の誕生　44
(2) 「持続可能な開発」に関する国際会議　46
(3) リオ+20　47
　　① 経済的ダメージ　47
　　② 汚染者の負担　48
　　③ 経済，社会，環境　51
(4) SDGs　53
　　① 検討の経緯　53
　　② SDGsの具体的な目標　53
　　③ 社会システム整備　58
≪より深く学ぶために≫　60

2-2　CSRの視点 …… 71
(1) 環境保全の社会科学的議論　71
　　① グリーン・コンシューマー　71
　　② 非財務会計　73
　　③ 地球環境変化に対応　75
(2) 企業憲章　78
　　① 環境憲章　78
　　② 慈善活動　81
　　③ 行動憲章　82

(3) 国際規格　84
　　　① 環境規格の進展　84
　　　② ISO14000シリーズ　86
　　　③ EMAS　87
　　　④ ISO26000シリーズ　90
　(4) レポート作成のガイドライン　93
　　　① CSRレポートの経緯と意義　93
　　　② レポート記載項目に関するガイドライン　94
　　　③ GRIガイドライン　96
　　　④ 国内の動向　97

≪より深く学ぶために≫　99

第3章　信頼性の確保　107

3-1　環境負荷発生の改善と予防　108

　(1) 日本のCSR　108
　　　① CSR経営　108
　　　② 三方よし　109
　　　③ 食品衛生と環境保全　111
　(2) NGO　113
　　　① コモンズと環境NGO　113
　　　② 政策への参加　114
　　　③ 具体的対応　116
　　　④ NGO認証　118
　(3) エネルギー利用　120
　　　① 自然が作り出す付加価値と環境負荷　120
　　　② 地球が持つエネルギー　121
　　　③ 宇宙から得られるエネルギー　125
　　　④ 水素エネルギー　127
　(4) 人材育成　129
　　　① 公害防止　129

② 省エネルギー　130
③ 専門家の養成と環境教育　132

≪より深く学ぶために≫　134

3-2　国際条約 …………………………………………………………………… 141

(1) 生物多様性　141
　① 生態系　141
　② 鳥獣保護から鳥獣管理へ　143
　③ 人為的な自然破壊と保全　145
　④ 環境適応能力　148
　⑤ 自然の知的財産の利用　152

(2) 気候変動　154
　① 不自然を維持するための開発　154
　② 気候変動枠組み条約　157
　③ 気候変動の予防　159

(3) 有害物質管理　161
　① 人工化学物質　161
　② 天然資源とマテリアルリサイクル資源　163
　③ 廃棄物処理処分　165

≪より深く学ぶために≫　167

第4章　環境活動評価の項目 …………………………… 171

(1) 事業所管理とステークホルダー　172
(2) 環境項目の点検　174
(3) 新たな技術，新たな事業の事前評価　176

● おわりに　181
● 参考文献　183
● 索　　引　189

第1章
環境経営の視点

- 1-1 環境活動の基本的考え方
- 1-2 注意すべき点
- 1-3 目標の設定

1-1 環境活動の基本的考え方

　環境問題は人類が誕生したときより絶えず発生してきたものであり，自然資本（natural capital）消費の拡大に伴い，その規模は大きくなり，消費による環境変化が環境負荷を発生させることとなった。自然資本を消費する者（ものとサービスの利益を得る者）と環境変化による被害を受ける者（環境汚染，環境破壊により不利益を得る者）とが生まれ，絶えず対立することとなる。

　自然資本とは，鉱物資源，エネルギー資源（自然エネルギー，ウランなど原子力エネルギー，水素融合[太陽からのエネルギー，人工的にも生成可能]）など自然そのもの，生態系から得られる食料（農業，漁業）やバイオマス（森林から得られる材料や燃料，数千万年～数億年の変化の中で生まれた石油や天然ガス）など生物圏すべてを含んでいる。したがって，人間の生活自体が自然資本の消費であり，広義には人間の体自身もバイオマスそのものである。自然資源が減少すれば，企業活動に障害が発生し，地域的に消滅すると地域の人の活動が成り立たなくなり，地球規模で消滅すると人類が消滅する。

　企業活動である「もの」，「サービス」の供給は，人類の生活のほとんどを支えているため，人間社会を形成するもっとも重要な存在である。企業活動の動向で自然環境へ人類が与える影響が変化するといっても過言ではない。しかし，自然資本の生活による消費と自然変化の関係を感覚的に理解している消費者は少なく，企業の環境保全への姿勢が自然資本の維持と人類の持続可能性維持に必要不可欠なものである。また，逆の視点では，いずれ環境経営が社会的な強い要求事項，いわゆる重要な社会的責任となり，企業の存続を左右していくこととなる。

　この状況を踏まえ，企業経営における環境活動の基本的な考え方として次のことが挙げられる。

① 企業活動による環境汚染，環境破壊はコストである。
② 環境性能は，商品性能の一部である。

③ 環境配慮商品・事業の競争力は，自然の変化の速度で格差を生じさせる。
　＝環境活動の計画は，中長期で検討しないと成果が明確に現れない。
④ 研究開発の評価項目に環境配慮は不可欠である。
⑤ CSRとしての環境活動は，企業経営にとって守りと攻めの両面をもっている。
⑥ 企業イメージのみで環境活動を行うと経営戦略のミスを誘う。
　＝環境活動の着実な実施は，中長期で評価され事業投資の評価項目となる。
⑦ 教育訓練不足は，重大な事故につながる。
⑧ 環境汚染・破壊，または関連の事件を発生させたときは事実とその対処を公開する。
　＝リスクコミュニケーションを充実させる。

(1) 企業活動による環境汚染，環境破壊はコストである

　研究開発や生産活動に伴って発生する排出物，副産物，廃棄物，および使用済製品（拡大生産者責任の対象）は，処理処分が必要であり，直接費用が生じることになる。長期間放置することで環境コストは急激に拡大していく。慢性的な影響（慢性毒性物質の汚染，酸性雨のように広域をゆっくりと汚染するような場合）は，特に注意を要する。汚染被害が判明したときには，因果関係が明らかになると巨額の賠償が必要になる。1960年代の公害のように，被害者と加害者が争うような事態は，企業の死活にかかわることとなる。一度失われた信用は簡単には戻らず，返済困難な大きな債務を抱え込むこととなる。
　対して，副産物，廃棄物などを燃焼するなどして燃料としてサーマルリサイクルを行ったり，廃棄されていたものから新たな商品を作り出し，コストを収益に代える開発も進められている。バイオマス廃棄物を燃料（廃材，廃棄農作物など）や健康食品（食品・飲料水製造残渣など）などとしたり，廃プラ

チックを再生材料，燃料（油化，直接燃焼）として販売または自社内で利用し，収益または省資源・省エネルギーを実施している例がある。

政府や地方公共団体による環境政策の手法で，環境税や課徴金など経済的な誘導が行われた際，環境負荷がある生産などに関してコスト増となる。また，環境保全または改善を目的とした事業や研究開発などへの助成金や補助金などが制定された場合は，コスト削減となる。

(2) 環境性能は，商品性能の一部である

環境変化の科学的な研究は進歩しており，環境汚染，破壊の原因と結果の因果関係は順次解明されている。有害物質汚染，酸性雨など地域汚染の原因追求は，科学技術の発展に伴い急激に精度が向上している。分析技術の向上に伴い，法令も厳しくなっている。

2015年に発覚したフォルクスワーゲンの自動車排気の不正（NOxの排出）は，有害物質モニタリング技術の向上の結果，米国政府によって摘発されている。この事件は自然資本へのダメージを安易に考えた結果であり，環境性能の成果がわかりにくいことから大量の自動車が販売されるまで判明しなかったといえる。また，虚偽の内容に基づく環境戦略が暴かれたことになるが，米国，ドイツ，フランス，中国など自動車を販売されていた地域でこの不正への処罰など

図1-1 フランス・パリ（自動車排気による多くの汚染被害が発生）

パリでは，NOxなどによる大気汚染が深刻となっており，フォルクスワーゲンの自動車からのNOx排出不正発覚時にその因果関係が大きな問題となった。

の対応がまちまちである。この対応の違いは，環境工学（または環境技術政策）と環境保護に関する社会システム（または環境法政策）が相互に協調して進められていないことが原因である。

　今後，経済的な影響を背景として，各国で環境保護に関する技術政策，法政策，経済的な誘導の調和が図られていくと考えられる。しかし，国家間の対立，多国籍企業の戦略，先進国，新興国，途上国など立場，経済環境の格差など国際関係も大きく影響することから，企業が国際的に環境活動（環境戦略）を推進していく場合は，各国の状況をよく精査し進めていかなければならない。

(3) 環境配慮商品・事業の競争力は，自然の変化の速度で格差を生じさせる

　金融面での変化は，バーチャルな世界で巨額の資金が瞬時に移動し，架空の債権が生まれたり，1日で天文学的金額の債権が消滅してしまうリスクがある。したがって，経済の動きに社会は敏感に反応する*1。対して，環境汚染や環境破壊は，自然の変化の中で発生するため，人の気づかないところでゆっくりとした変化で起こっている。

　食物連鎖での変化は，有害物質の移動経路，濃縮のレベルなど被害が起こるまでその変化は注目されることはない。現在も至る所で，有害物質は環境中を移動しているが，すべてをモニタリングすることは現在の技術では不可能である。法令（またはソフトロー）による社会システムを構築する場合も，明確な科学的なデータに基づいた証明が必要であり，地道な測定などに時間を費やさなければならない。

　また，大規模な開発は，地域の発展を目的としてこれまでに世界各国で実施されてきたが，自然・生態系を大きく変化させたことで，伝染病の蔓延，土砂崩れ・洪水などを引き起こしている。この対処として国際金融公社(International Finance Corporation：IFC）は，国際的な大規模プロジェクト向けの融資における環境・社会的責任に関した配慮基準として，2003年6月に赤道原則（エクエーター原則／Equator Principles：EP）*2を策定している。当初は，2002年10月にロンドンにおいてシティバンク（米国），ABNアムロ銀行（2010年に

フォルティス系のフォルティス・バンク・ネーデルランドと合併），バークレイズ銀行（英国），ウェストエルビー銀行（ドイツ）の4行と連携して海外プロジェクトファイナンス（Project Finance：PF）業務に関した環境および社会的リスク管理の検討から始まったものである。現在は世界各国の金融機関（赤道原則採択金融機関／Equator Principles Financial Institution：EPFI）が参加している（わが国の都市銀行なども含め世界35カ国79行の金融機関が採択：2013年12月現在）。

地球温暖化対策のように，ほぼ確からしい科学的事実の元で国際条約，法令を発効，施行すると，多くの自然科学者から社会システム自体にクレームが浴びせられることがある。場合によっては，ダーウィン（Charles Robert Darwin）が，進化論を唱えたときに，多くの避難，揶揄されたように，固定観念の元で新しい真実を否定されることもある。同様に企業が正しい環境活動，技術開発を行っても，多くの人に理解されないこともあり，いわゆるジレンマ（dilemma）におかれる場合もある。環境配慮商品の開発は，他の技術開発と同様に相応の時間がかかるため，中長期的な計画は不可欠である。水面下で多くの研究開発・開発事業が行われており，短時間での検討，開発で環境商品としての成果を挙げることはない。

つまり，環境活動の計画は，中長期で検討しないと成果が明確に現れないということであり，短期間では真実の環境対応は発揮できないことになる。

(4) 研究開発の評価項目に環境配慮は不可欠である

環境商品開発はこれまでの商品開発と比較して，技術開発そのものは特に変わったことを行っているわけではない。異なっているのは，これまで地下深くから掘り出した資源を地上に拡散させると，自然環境に異変が起こることを踏まえなければならなくなったことである。この対処として，環境保全という新たな視点を配慮してアイディアを整理しなければならなくなった。

基礎研究では，社会における具体的な利用まで検討していないため，環境への影響は予測しづらいが新規化学物質や生物の自然への漏洩は防止する必要がある。応用研究段階，パイロットプラント段階，普及段階では地域環境，地球

環境など具体的な環境影響について多方面からの検討が必要である。自動車へのエネルギー供給などインフラストラクチャーの整備が不可欠な商品に関しては、普及に必要な新たな技術開発も必要となり、公共投資の動向を踏まえなければならない。

図1-2 電気自動車充電設備（インフラストラクチャー）の普及

電気自動車の燃料供給は、自宅の電源で可能であるが、遠距離走行時にはガソリンまたは軽油車並みの走行距離の確保が必要とされるため、充電設備の整備が進んでいる。

例えば、電気自動車の普及には、電源供給の可能性、走行可能距離を延ばすための電池などの開発が必要となる。開発すべき点が増えることで、環境へ配慮すべき点も増加し、電池のマテリアルリサイクルの可能性、適切な廃棄なども検討しなければならなくなる。さらに、供給される電気自体がどのように生産されているかで環境負荷がかなり異なることとなり、電力供給源（石油、原子力、再生可能エネルギーなど）に関しても調査研究する必要がある。したがって、LCA（Life Cycle Assessment：原料～移動・生産・廃棄など製品が一生で環境に与える負荷総量）のデータの収集・評価が重要である。

(5) CSRとしての環境活動は，企業経営にとって，守りと攻めの両面をもっている

非財務情報であるCSRレポートでは，企業間の明確な差を示しにくく，財務情報のように数値による評価は難しい。汚染物質の放出量，エネルギーの消費量は，定量値で示すことができることから，環境への放出量・移動量（廃棄物や下水）がわかれば，汚染による環境リスクの確認ができる。有害物質の環境放出に関しては，1996年2月にOECDが加盟国に勧告したPRTR（Pollutant Release and Transfer Register：有害化学物質放出移動登録）制度[*3]によって多くの国々で企業がPRTRデータを自主的に公開している。この情報で地域および国レベルの有害物質削減政策が検討できる。

企業は，一製品当たりの原単位で環境汚染物質放出量を減少することで，環境活動の成果とすることができる。いわゆる，環境効率（製品のサービス・もの／環境負荷）の向上ということとなる。環境効率を向上させた製品は，資源生産性（資源を効率よく消費）が高く，省エネルギー・省資源，有害物質を含まない（環境リスクが低い）環境商品として他の製品との差別化を示すことができる。環境保全に関する企業の社会的責任を果たすことで，経営戦略の一環となる。購入者（企業）にとってみれば，自社が使用する商品の環境汚染，環境破壊は，環境コストとなることから，経費削減面（場合によってはイメージ向上）から環境商品を選択するインセンティブが高まる。

例えば，燃費がよい自動車，酸性雨などの原因となる大気汚染物質（NOx）やアレルギーなどのおそれがあるPM（Particulate Matter：微小粒子状物質）などの排出の少ない自動車は，法令遵守および社会的責任から競争力をもつ。

> ※日本では環境基準「大気汚染に係る環境基準について［昭和48年，環告25］」でSPM［Suspended Particulate Matter：浮遊粒子状物質］としても告示されている，ただし，PMについても「微小粒子状物質による大気の汚染に係る環境基準について」［平成21年，環告33］で告示されている（環境基準法第16条）。

また，CSRレポートの国際的なガイドラインとなっているGRI（Global Reporting Initiative）『サステナビリティ・レポーティング・ガイドライン』[*4]が，国際的な基準となっている。このガイドラインにおける規定は，報告組織が活

動内容や製品・サービスの経済・環境・社会的側面について報告するために自主的に活用するものと位置づけており，柔軟性が高い内容となっている。個別企業の環境活動を定量的に比較することは困難である。なお，GRIは，NGO（Non-Governmental Organization）団体で，国際環境計画（United Nations Environment Programme：UNEP）が公認している。

その後，国際標準化機構（International Organization for Standardization：ISO）でSR（Social Responsibility：社会的責任）に関する規格「ISO26000」も作られ，コンテンツが比較的具体的に示されていることからCSR項目構成の組み立てに際して参考にしている企業が多い。わが国企業では，別途，環境省が公表している『環境報告ガイドライン』や『環境会計ガイドライン』を参考にしている場合が多い。これらガイドラインは，適宜見直しがされているため，最新バージョンの内容を逐次調査をしておく必要がある。

他方，1972年6月にスウェーデン・ストックホルムで世界で初めて開催された環境保護に関する国際会議である「国連人間環境会議（United Nations Conference on the Human Environment：UNCHE）」以来，対立してきた途上国と先進国の問題が，時代背景を代えて，新たな局面に入ってきている。以前途上国だった国が経済大国となって来たこと，大きな経済成長は今後先進国では期待できないことなどから，「持続可能性」の付加価値を持った製品をどのように開発・普及させていくか，極めて複雑な状況となりつつある。鉱物やエネルギー価格が低い場合，大量生産が主流となり，高価になってくると省資源，省エネルギー技術が注目されると考えられる。さらに，各国の安全保障面の政策が加わると複雑な社会的・政治的背景をもち，原子力エネルギーを含め，企業としてのCSRをどのように示していくか国際的な視点で検討していかなければならない。

(6) 企業イメージのみで環境活動を行うと経営戦略のミスを誘う

環境問題は，極めて複雑であり，一般公衆にとって自然科学的な理解，対策としての法令など社会システムの内容を一度に把握することは困難である。「環境によい」，「環境にやさしい」といった抽象的な言葉は，容易に覆される。

事前に事業内容の合理性についてよく調査検討する必要がある。意図的に「環境」のイメージのみを安易に経営戦略として用いると，大きな失敗の可能性が発生する。

2013年に環境省では，適切な環境表示の条件として，次に示す項目を示している（引用：環境省『環境表示ガイドライン【平成25年3月版】』［2013年］8頁より）。

・根拠に基づく正確な情報であること
・消費者に誤解を与えないものであること
・環境表示の内容について検証できること
・あいまい又は抽象的でないこと

公正取引委員会も，2001年にすでに広告表示についての留意点[5]を示している。以前，製紙会社が古紙配合率を実際より高い値を表示し，「環境に優しい」と虚偽の広告を行っていた不正事件に対して，この留意事項に従い当該委員会から優良誤認に基づく排除命令が出されている。

※「不当景品類及び不当表示防止法」（略表示：景品表示法）第4条第1項第1号では，事業者が，自己の供給する商品・サービスの取引において，その品質，規格その他の内容について，一般消費者に対し，①実際のものよりも著しく優良であると示すもの，②事実に相違して競争関係にある事業者に係るものよりも著しく優良であると示すもの，であって，不当に顧客を誘引し，一般消費者による自主的かつ合理的な選択を阻害するおそれがあると認められる表示を禁止している［優良誤認表示の禁止］（引用：消費者庁HP「表示対策」アドレス：http://www.caa.go.jp/representation/keihyo/yuryo.html［2016年3月閲覧］）

1997年12月にわが国の京都で実施された「気候変動に関する国際連合枠組み条約」第3回締約国会議で，「京都議定書」が採択されて以来，わが国では「環境ブーム」があった。しかし，イメージだけに注目しても，誤認が発覚すると，信用できない企業ということで却って大きなダメージになる。また，国際標準化機構の環境認証（ISO14001）を取得しても，認証の本質よりイメージ戦略に焦点を合わせていた機関の多くは認証の継続を行っていない。

自然の中での娯楽で，「環境」のイメージを前面に掲げている場合があるが，生態系への損失など環境破壊を起こしていることもある。また，風力発電や太陽光発電など再生可能エネルギー施設が，自然エネルギーと混同して使用され

ている。しかし，都市に供給する莫大なエネルギーを生産するために，広大な自然を破壊し，設備が整備されると自然破壊を発生させる大規模開発と同様になる。干物や塩田，または洗濯乾燥などの天日干しのような自然エネルギー（太陽光：赤外線利用）とは異なる。

また，前出の(5)で示した「国連人間環境会議」が開催された6月5日は，国連によって「世界環境デー（World Environment Day）」と定められ，わが国の「環境基本法」第10条でも「環境の日」と規定されている。企業，行政などで，6月を環境月間として全社的に環境保全活動が行われたり，CSRの一環として地域清掃などイベント，展示会などが開催されている。この時期は，企業の環境保護の姿勢を社会に示すことができ，また環境商品・事業の優位性を公表するよい機会と考えられる。

ただし，CSR活動をレポートでステークホルダー（利害関係者：社員，投資家，融資者，消費者，事業所周辺住民など）および一般公衆に公開する場合，第三者によって客観的な評価を受けなければ，信頼を得ることはできない。また，レポート内容について読者とのインタラクティブなコミュニケーションを実施できるようにする必要がある。公開方法は，冊子の配布，インターネットによる公開などがあり，一般公衆などとすでに行われているコミュニケーションの方法には，Email，郵便がある。しかし，現実にはレポートを読んでコミュニケーションを図ろうとする一般公衆は比較的少ない。それは，公開内容が，自然科学，社会科学，人文科学面と多岐にわたることと，環境をイメージではなく本質的な面からの保全活動を説明するには，未だ社会で十分な理解が得られていないことに原因があると思われる。

しかし，中長期的視点で考えると，SRI（Socially Responsible Investment：社会的責任投資）の重要な評価項目としてCSR活動が注目されている。SRIの国際的なコンセンサスとして，2006年に国連事務総長（当時：コフィー・アナン [Kofi Atta Annan]）が提唱したUNPRI（The United Nations-backed Principles for Responsible Investment Initiative：国連責任投資原則）[*6]が挙げられる。この原則では，Environment（環境），Social（社会），Governance（統治）の分野（ESG）に配慮した責任投資を実施することを宣言したもので，機関投資家（法

人の形態をもった投資家:投資信託,保険会社,年金運用機関など)を対象としている。SRIは,年金投資など長期的な視点で収益を上げる場合に信頼性が高い。わが国の厚生年金保険および国民年金の積立金を管理,運用を行っている年金積立金管理運用独立法人(Government Pension Investment Fund:GPIF,約130兆円の公的資金を運用［2016年3月現在］）も2015年9月にUNPRIに署名を行っている。

環境活動の着実な実施は,中長期で評価され事業投資の評価項目となっている。

(7) 教育訓練不足は,重大な事故につながる

環境問題は,自然科学の研究の成果に基づき,社会科学(環境法,環境政策,環境経営など),人文科学(環境教育など)の手法によって改善を図っている。すなわち,個別の学術分野のみで,環境問題の対処は不可能である。個別分野の学者が,目の前の事実のみを研究していても環境問題の解決はできず,個々の成果を総合的に検討していく必要がある。例えば,「気候変動に関する国際連合枠組み条約」の検討の基礎資料を提供しているIPCC（Intergovernmental Panel on Climate Change:気候変動における政府間パネル)[*7]は,自然科学と社会科学分野に分けて作業部会を作り,世界中の個別研究の内容を調査分析し俯瞰的に検討を行っている。

企業においても環境問題に関して,社員に基礎的な知識を習得させる必要がある。有害物質などを直接扱う際には,その物理化学的知識,関連の法令,条例は把握しておかなければならない。商品・販売企画や営業戦略を策定する際にも同様である。廃棄物の不法投棄事件で,刑法の特別法（「廃棄物の処理及び清掃に関する法律」)違反で逮捕された社員は,「経費の節減」のため(または会社のため)に行ったと自供することが多い。これは全くの知識不足で,環境コストの不支出に関する経営リスクを全く理解していないといえる。

また,経営が悪化すると,コスト削減が一般的に行われるが,教育訓練を削減することで,人為的ミスによるコスト発生のリスクが高まる。一般環境への汚染を生じてしまうと,生態系など自然(自然資本),人の健康,物的財産な

どへの被害で巨大な環境コストが発生する。特に，工場の事故で有害物質が環境中に放出されると予想外の損失となることがある。1984年にインド・ボパールでユニオンカーバイトインディア社が起こした農薬工場事故では，約3,400人が死亡し，20万人以上が身体障害を受ける大事故となった。その結果，この会社の親会社の責任（米国の製造物責任法に基づく責任）も問われ，当時世界第3位の売り上げを誇った米国のユニオンカーバイト社が倒産に陥る事態となっている。この事故の原因は，水と反応する化学物質が存在する設備を作業員が誤って水で洗浄し，発熱反応によって揮発した極めて有害な物質（農薬商品名：セヴィン［成分：メチルイソシアネート；MIC］）が環境中に放出したために起こっている。この他，世界各国の工場などで作業員に対する教育訓練不足による誤った操作で事故が多数起こっている。

　他方，設計段階で環境負荷を発生させることを検討しないまま商品化し，問題となる場合もある。アスベストや有機溶剤など有害物質を含んだ建材や，焼却すると有害性の高いダイオキシン類を発生させる塩化ビニル（Poly Vinyl Chloride：PVC）製品，水銀を含んでいる体温計や蛍光灯など，膨大な種類の製品が環境汚染のおそれがある。製造物責任まで範囲を広げると，不完全燃焼をするストーブや給湯器，パソコンから飛行機にまで使用されているリチウム電池（二次電池）の発火など数限りない。研究者，技術者への環境保全への理解とLCA情報の整備が重要である。また，商品企画段階において環境負荷に関するチェック項目を作り，リスクを回避する必要がある。したがって，企業内で予測可能なリスクに関する分析とその事前の対処方法・体制を整備し，社員がその内容を習得しておくことは，環境活動の基礎的な事項といえる。少なくとも一度起こった事故や問題については，リスク分析を十分に行い再発防止計画策定は必ず必要である。1つひとつの対策の積み重ねが，大きな事故の防止につながる。

　しかし，リスクの予測が極めて難しい事故対策に関しては，検討がしづらいことも事実である。特に予防は，コンセンサスを得た自然科学的な知見が明確に示せない場合もあり，社会システム整備が実施しづらい現状がある。例えば，原子力発電所の事故はハザードが極めて大きく，環境への汚染は想定を超える

可能性がある。そもそも予想していた汚染の技術的な根拠も，複数の情報に基づく分析で不確かな部分が多い。米国におけるTMI（スリーマイル島）原子力発電所事故（1979年），旧ソ連におけるチェルノブイリ原子力発電所事故（1986年），日本における福島第一原子力発電所事故（2011年）は，原子力発電所における設計基準を大幅に上回った甚大な事故（原子炉の炉心に重大な損傷が起きるような事態など）であり，「シビアアクシデント（Severe Accident：SA）」と呼ばれている。

1986年4月にウクライナの首都近郊のチェルノブイリ原子力発電所で発生した爆発事故では，広島型原爆の500倍の放射性物質汚染を引き起こし，ウクライナ，ベラルーシ，ロシアで人への莫大な数の被曝が確認されている。この事故の原因は，作業員の訓練不足から実験運転中の原子炉を異常に発熱させた（炉の温度を上げようと制御棒を一度にすべて抜いてしまった）ことである。核反応の暴走で制御不能になった原子炉では，放射性物質による崩壊熱によって水素が発生し爆発したとの科学的な調査結果が発表されている。水素が発生し爆発した科学的なメカニズムは福島第一原子力発電所と同じである。

> ※これら原子力発電所事故では原子炉における核反応のコントロール自体が不可能になり，原子炉の炉心に重大な損傷が起きている。原子力発電所のリスク回避は，「1．原子炉を止める」，「2．原子炉を冷やす」，「3．放射性物質の封じ込め（環境放出を防止）」を基本にしているが，福島第一原子力発電所事故では原子炉を止めた後の対処で失敗している。

福島第一原子力発電所事故では，損害賠償額が莫大になると予想され，今後長期間にわたっての対処が必要となる。「原子力損害の賠償に関する法律」第7条では，「…原子力損害賠償責任保険契約及び原子力損害賠償補償契約の締結若しくは供託であつて，その措置により，一工場若しくは一事業所当たり若しくは一原子力船当たり千二百億円を原子力損害の賠償に充てることができるもの…」となっており，当該法律の想定をはるかに上回る損害が発生している。

原子炉内の対処（内部事象に対する対策）は，極めて詳細に行われ，教育訓練も十分に行われていたが，自然からの影響（外部事象）に対しては不十分で，外部の消防，警察，政府・公共団体，関連省庁間など連携も不十分だったといえる。周辺住民，国民へは政府などから安全性のアピールが必要以上に行われ

ていた。しかし，リスクの性質・大きさ，避難対策および訓練は不足しており，事故後の風評被害，放射性廃棄物の処理処分など極めて大きな問題が発生している。日本は，政府がエネルギー政策のイニシアティブを持っており，政府主導で原子力発電普及をしていたことから電力会社も倒産せず経営破綻していないが，原子力発電の研究開発・生産・事故対策を民間企業が独自で行っている多くの海外の電力会社では倒産しているだろう。

　このように，従業員に対する教育訓練不足は，企業にとって極めて大きな損失につながるのである。

(8) 環境汚染・破壊，または関連の事件を発生させたときは事実とその対処を公開する

　企業が公開する情報には，自社に都合が悪いネガティブ情報と，良い会社であることをアピールできるポジティブ情報がある。

> ※金融面における個人の情報では，ネガティブ情報は，クレジットカードやローンなどで不払い，支払延滞，自己破産の記録などを示し，ブラック情報（ブラックリスト）ともいわれ重要な個人信用情報として厳密に調査される。ポジティブ情報は，信用度がある個人の情報としてホワイト情報ともいわれる。

　ネガティブ情報には，広義には，個人への誹謗中傷，風評被害，企業への悪い評判，行政処分，刑罰，損害賠償なども含む。環境に関しては，大気，水質，土壌への汚染被害の発生，廃棄物の不法投棄，および地球温暖化原因物質の排出など多くの種類がある。これらを単なる会社のマイナス要因と考え，事実を隠蔽し隠し続けると，リスクの本質が見えづらくなる。そして，時間の経過が長引くと，判明した際に会社の信用失墜，収益ダウンなど大きな損失につながる。行政サイドでも「国土交通省ネガティブ情報等検索システム」など国，自治体での行政指導などの公開が行われている。刑法の特別法となる罰則とはせず，不正を行った機関，人の情報公開で過ちを防止さようとしている行政機関もある。しかし，不祥事を客観的に捉え，原因分析を行い，再発防止を図る対処を行うことによって，企業にとっては大きな損失を防止することが可能となる。これには早期の対応が重要である。対策が施され改善が認められる企業は，客観的にも信頼性を得ることができる。CSRの情報公開では，ネガティブ情報

とその対処の公開は不可欠である。

　CSRに関するポジティブ情報とは，男女公平などなど人権の保障，労働安全衛生，パワーハラスメント・セクシャルハラスメントの防止，社会貢献（教育活動，植林，地域清掃など），地域コミュニケーション，フェアトレード*8など多岐にわたる。環境に関しては，環境商品の開発，生産，移動，販売による環境負荷の低減が挙げられる。商品には，省エネルギーまたは省資源を図るものが該当し，省エネ車・低公害車（定義が明確ではないが，エコカーともいわれる），省エネ電化商品（年間消費電力または年間電気代が低くなる製品），水消費が少ない洗濯機などエコロジカル・フットプリント（Ecological Footprint）*9が小さいもの，環境効率がよいサービスが該当する。

　また，生産活動など社内で発生する環境負荷を減少させる企業活動に関しては，1960年代頃から公害が社会的に大きく問題視されたことで，現在では不可欠なものとなっている。過去に被害を発生させた公害に関しては，法令によって厳しく規制されており，遵守することは当然である。濃度規制（事業所から排出できる有害化学物質［排水，排気］の上限濃度）や総量規制（一定地域における事業所から排出できる有害化学物質［排水，排気］の最大量），および廃棄物の処理処分が明確に定められている。CSRレポートでは，環境汚染対策の現状，大気・水の排出に関する法令やPRTR制度に基づいた排出量の結果を明示するものが多い。これら有害物質は，前述の製造物に関する環境責任としても重要な項目である。

　地球温暖化原因物質である二酸化炭素のように，詳細な排出測定が難しい化学物質についても，省エネルギー製品，社内の電気・燃焼などエネルギー削減などが示されている。これら情報は，化学物質名が多数表示されることになり，多くの一般公衆には理解しにくいものとなっている。理解しにくいものを多数示しても，リスクコミュニケーションにはならない。一般公衆用と専門家向けと2分冊にしたり，公開者との説明会など直接的なコミュニケーションを図り適宜改善していくことが重要である。

　なお，CSRレポートで，ポジティブ情報のみを中心に記載していたり，自社の販売用の製品パンフレットのように自社商品の紹介ばかり記載しているもの

は，企業の社会的責任の遂行について正確に伝える報告とはなっていない。もっとも，企業は，社会に必要な製品を安定的に提供することが最も大きい社会的責任ともいえるため，単に売りたい商品の紹介ではなく，国際的な視点で社会的に広い視野で自社製品の安定した供給について記載することは必要ともいえる。

≪より深く学ぶために≫

＊1　金融面の中長期的な戦略

　金融面においても中長期的な戦略の必要性が提唱されている。2012年12月に内閣に設置された「日本経済再生本部」に2013年1月「産業競争力会議」が創設され，経済再生に向けての成長戦略が議論されている。この審議結果では，「内閣府特命担当大臣（金融）は，関係大臣と連携し，企業の持続的な成長を促す観点から，幅広い範囲の機関投資家が適切に受託者責任を果たすための原則のあり方について検討すること。」（内閣総理大臣指示）が示された。したがって，企業の持続可能な成長には「機関投資家」の存在が重要であることが再認識されたといえる。日本版スチュワードシップ・コードに関する有識者検討会によって2014年2月に発表された『「責任ある機関投資家」の諸原則≪日本版スチュワードシップ・コード≫～投資と対話を通じて企業の持続的成長を促すために～』では，「投資先企業の持続的成長を促し，顧客・受益者の中長期的な投資リターンの拡大を図る」ことを目的として次に示す具体的原則が示された。

付表1.1　「責任ある機関投資家」の諸原則＜日本版スチュワードシップ・コードの原則＞

1．機関投資家は，スチュワードシップ責任を果たすための明確な方針を策定し，これを公表すべきである。
2．機関投資家は，スチュワードシップ責任を果たす上で管理すべき利益相反について，明確な方針を策定し，これを公表すべきである。
3．機関投資家は，投資先企業の持続的成長に向けてスチュワードシップ責任を適切に果たすため，当該企業の状況を的確に把握すべきである。
4．機関投資家は，投資先企業との建設的な「目的を持った対話」を通じて，投資先企業と認識の共有を図るとともに，問題の改善に努めるべきである。
5．機関投資家は，議決権の行使と行使結果の公表について明確な方針を持つとともに，議決権行使の方針については，単に形式的な判断基準にとどまるのではなく，投資先企業の持続的成長に資するものとなるよう工夫すべきである。
6．機関投資家は，議決権の行使も含め，スチュワードシップ責任をどのように果たしているのかについて，原則として，顧客・受益者に対して定期的に報告を行うべきである。
7．機関投資家は，投資先企業の持続的成長に資するよう，投資先企業やその事業環境等に関する深い理解に基づき，当該企業との対話やスチュワードシップ活動に伴う判断を適切に

> 行うための実力を備えるべきである。

出典：日本版スチュワードシップ・コードに関する有識者検討会『「責任ある機関投資家」の諸原則《日本版スチュワードシップ・コード》～投資と対話を通じて企業の持続的成長を促すために～2014年2月26日』(2014年) 6頁。

　この諸原則における「スチュワードシップ責任」とは、「機関投資家が、投資先企業やその事業環境等に関する深い理解に基づく建設的な「目的を持った対話」（エンゲージメント）などを通じて、当該企業の企業価値の向上や持続的成長を促すことにより、「顧客・受益者」（最終受益者を含む）の中長期的な投資リターンの拡大を図る責任を意味する」となっている。すなわち、企業の情報公開と中長期的な戦略がこれまで以上に重要度が高まったといえる。すでに多くの金融機関など機関投資家では、スチュワートシップに従い「持続可能な成長」に向けての状況、方針をインターネットで報告している。しかし、ステークホルダーに十分に当該考え方が理解（または普及）されているとはいえず、具体的な成果が公表されることが期待される。

　一方、経済産業省が2013年7月から取り組んでいた「持続的成長への競争力とインセンティブ～企業と投資家の望ましい関係構築～」プロジェクトの最終報告書（伊藤レポート）が2014年8月に最終報告書を公表している。この報告書では、企業が投資家との対話を通じて持続的成長に向けた資金を獲得し、企業価値を高めていくための課題を分析し、提言を行っている。

　日本企業は、資本に対する利益率が低いことが国際的にも指摘されており、本報告書でも「ROE（Return on Equity：自己資本利益率）を現場の経営指標に落とし込むことで高いモチベーションを引き出し、中長期的にROE向上を目指す"日本型ROE経営"が必要である。"資本コスト"を上回る企業が価値創造企業であり、その水準は個々に異なるが、グローバルな投資家との対話では、8％を上回るROEを最低ラインとし、より高い水準を目指すべき」との記述がある。環境面では、エネルギー資源がほとんどないわが国にとって、日本ではあまり目が向けられていない建築物の省エネルギーや長期的視点で消費を考えたエネルギー政策および企業戦略が必要である。日々株価は変化するが、機関投資家による長期戦略は不可欠である。この対応には環境保全について自然科学および社会科学の面からの協力した検討が望まれる。

*2　赤道原則

　国際金融公社では、経済的に妥当な費用で環境・衛生・安全管理を行う「環境・

衛生・安全指針（Environment・Hygiene・Safety guideline：EHS）」を作成し，さらに環境汚染・環境破壊防止，自然環境の保護に加え，プロジェクトにより被害を受ける地域住民や労働者の人権保護のための基準である「国際金融公社パフォーマンススタンダード（IFC performance standard）」も発表している。この基準では，次の8つが示されている。

① 環境・社会的リスクと影響の評価と管理
② 労働者と労働条件
③ 資源の効率（環境効率または資源生産性）と汚染防止
④ 地域社会の衛生・安全・保安
⑤ 土地取得と自発的ではない転居
⑥ 生物多様性の保全および持続可能な自然生物資源（自然資本）の管理
⑦ 先住民族
⑧ 文化遺産

この2つのIFCの基準に従い，赤道原則では，環境および社会への影響評価の実施プロセス，環境汚染・環境破壊の防止，地域コミュニティへの配慮，生物多様性をはじめ自然環境への配慮など，さまざまな規定を設けている。

なお，プロジェクトファイナンスとは，日本国内に多い融資先企業の信用力や担保価値に依拠して融資を行うコーポレートファイナンスと異なり，プロジェクトのキャッシュフロー（収益），事業性を評価して資金を提供する融資手法のことをいう。膨大な費用を要する鉱物資源，石油・天然ガスなどの開発に関する資金調達手段として行われ，その後石油精製，石油化学関連プラント，天然ガス液化施設まで裾野が広がり，さらに発電所，道路，鉄道，通信などインフラストラクチャーへ拡大した。世界各地でさまざまなプロジェクトが進行している。

＊3　PRTR制度

PRTR（Pollutant Release andTransfer Register：有害化学物質放出移動登録）制度は，企業から排出または廃棄される汚染の可能性のある物質の種類と量を記録し，行政がそのデータを管理規制するものである。なお，排出（Release）は排気や排水を表し，移動（Transfer）は廃棄物や下水道への移動を意味する。この制度は，1992年に開催された「国連環境と開発に関する会議（United Nations Conference on Environment and Development：UNCED）」で採択されたアジェンダ21の提案に従い，国際的に進められたものである。

OECDが1996年2月に導入勧告を行ったことで各国が具体的検討に入った。国連工業開発機関（United Nations Industrial Development Organization：UNIDO）

では，環境法の導入が遅れている開発途上国への導入を勧めている。米国（Toxic Release Inventory：TRI），カナダ（National Pollution Release Inventory：NPRI），オランダ（Individual Emission Inventory System：IEI)），英国（Chemical Release Inventory：CRI）では，先進的に導入されている。これらの国々における汚染物質放出・移動に関する情報の収集方法や行政によるその情報の使い方は異なっている。米国，カナダおよび英国は，個別の企業ごとの排出データを公開しているのに対し，オランダは国，地域および化学物質ごとの統計データについて，他の環境規制情報と合算して政府が公開している。

わが国では，1999年7月に「特定化学物質の環境への排出量の把握等及び管理の改善の促進に関する法律」が公布され，2001年1月より施行されている。わが国の当該法律でも政府から統計データが公開されており，合理的な理由があれば個人が所管官庁に個別事業所の排出・移動情報を請求できる。ただし，PRTR制度で整備される情報は，行政や国家資格者による計量証明など法令による規制はなく，企業が自主的に収集管理することから，データの信頼性を確保することが重要である。

＊4　GRIガイドライン

GRI（Global Reporting Initiative）は，1997年に国連環境計画（United Nations Environment Programme：UNEP）およびCERES（Coalition for Environmentally Responsible Economies）の呼びかけにより，持続可能な発展のための世界経済人会議（The World Business Council for Sustainable Development：WBCSD），英国公認会計士勅許協会（Association of Chartered Certified Accountants：ACCA），カナダ勅許会計士協会（Canadian Institute of Chartered Acountants：CICA）などが参加して設立された組織である。

GRI計画は，1997年9月から始まり，2000年6月には，GRIガイドライン第1版を発行している。2002年に独立機関となり，2002年4月に国際連合本部で正式に恒久機関として発足した。同年6月に行われたブラジル・リオデジャネイロで開催された「国連環境と開発に関する会議（United Nations Conference on Environment and Development：UNCED）の10年後の点検を兼ねて実施された地球環境サミット「ヨハネスブルグの会議」（南アフリカ）を受けて第2版が発効されている。適宜ガイドライン内容は更新されており，2013年に「サステナビリティ・レポーティング・ガイドライン第4版」が公表されている（サステナビリティ日本フォーラムHP「GRIとの連携 GRIガイドラインの理解と普及」［http://www.sustainability-fj.org/gri/　第4版http://www.sustainability-fj.org/gri/g4/］）。

＊5　公正取引委員会が示した環境保全に配慮した商品の広告表示の留意点

公正取引委員会では，「環境保全に配慮している商品の広告表示の留意事項」を「環境保全に配慮した商品の広告表示に関する実態調査について（2001年3月21日）」の中で5項目を示している。

付表1.2　公正取引委員会が示した環境商品の留意点

① 表示の示す対象範囲が明確であること 　環境保全効果に関する広告表示の内容が，包装等の商品の一部に係るものなのか又は商品全体に係るものなのかについて，一般消費者に誤認されることなく，明確に分かるように表示することが必要である。 ② 強調する原材料等の使用割合を明確に表示すること 　環境保全に配慮した原材料・素材を使用していることを強調的に表示する場合には，「再生紙60％使用」等，その使用割合について明示することが必要である。 ③ 実証データ等による表示の裏付けの必要性 　商品の成分が環境保全のための何らかの効果を持っていることを強調して広告表示を行なう場合には，通常に当該商品を使用することによって，そのような効果があることを示す実証データ等の根拠を用意する必要がある。 ④ あいまい又は抽象的な表示は単独で行わないこと 　「環境にやさしい」等のあいまい又は抽象的な表示を行う場合には，環境保全の根拠となる事項について説明を併記するべきである。 ⑤ 環境マーク表示における留意点 　環境保全に配慮した商品であることを示すマーク表示に関して，第三者機関がマーク表示を認定する場合には，認定理由が明確に分かるような表示にすることが求められる。また，事業者においても，マークの位置に隣接して，認定理由が明確に分かるように説明を併記する必要がある。

＊6　国連責任投資原則［UNPRI］

UNPRI（The United Nations-backed Principles for Responsible Investment Initiative：国連責任投資原則）の事務局は，UNEPと国連グローバル・コンパクト（UN Global Compact）が行っている。2006年にアナン国連事務総長が提唱した原則は以下の6項目である。

付表1.3　国連責任投資原則項目

① 私たちは投資分析と意思決定のプロセスにESGの課題を組み込みます。 ② 私たちは活動的な（株式）所有者になり，（株式の）所有方針と（株式の）所有慣習にESG問題を組み入れます。 ③ 私たちは，投資対象の主体に対してESGの課題について適切な開示を求めます。 ④ 私たちは，資産運用業界において本原則が受け入れられ，実行に移されるよう働きかけを行います。 ⑤ 私たちは，本原則を実行する際の効果を高めるために，協働します。 ⑥ 私たちは，本原則の実行に関する活動状況や進捗状況に関して報告します。

出典：環境省HP「責任投資原則」参考資料1。

アドレス:https://www.env.go.jp/council/02policy/y0211-04/ref01.pdf 1～3頁

なお,この考え方の基礎として2000年に国連が提唱した次に示すグローバルコンパクト(Global Compact)の10原則が重要なコンセプトとなっている。

表1.4 国連グローバルコンパクトの10の原則

人　権
原則1:人権擁護の支持と尊重
原則2:人権侵害への非加担
労　働
原則3:組合結成と団体交渉権の実効化
原則4:強制労働の排除
原則5:児童労働の実効的な排除
原則6:雇用と職業の差別撤廃
環　境
原則7:環境問題の予防的アプローチ
原則8:環境に対する責任のイニシアティブ
原則9:環境にやさしい技術の開発と普及
腐敗防止
原則10:強要・賄賂等の腐敗防止の取組み

　グローバルコンパクトの10原則は,1999年に開催されたダボス会議(Davos Meeting,正式名称は,世界経済フォーラム:毎年2月上旬にスイス・ダボスで開催)で,国連事務総長(当時:コフィー・アナン)の提唱したもので,当初は原則1～9までだったが,2004年6月に開催されたグローバルコンパクト・リーダーズサミットで「腐食防止」に関する原則が追加された。本原則には,世界の企業,NGO,労働組合,公共事業体などが署名している。活動は,国連が運営する組織と各国のネットワークがある。1948年に国連で採択された世界人権宣言(すべての人民とすべての国とが達成すべき共通の基準)をさらに発展させた国際的な認識である。

＊7　IPCCの概要

　IPCC(Intergovernmental Panel on Climate Change;気候変動における政府間パネル)は,1988年にカナダ・トロントにおいて開催された「変化しつつある大気圏に関する国際会議」を受けて,世界気候機関(World Meteorological Organization:WMO)とUNEPの指導のもと設置されている。

　1990年10月にスイス・ジュネーブで開催された世界気象会議において,IPCCの第1次報告がなされ,地球温暖化による気候変動の潜在的影響予測が示された。

その後順次見直しがなされており，2013〜2014年に第5次報告書が公表されている。報告内容は，3分野に分類され，3つの作業部会で世界の科学者によって検討が行われている。

第1作業部会（Working Group Ⅰ）では「気候システム及び気候変動に関する科学的知見」，第2作業部会（Working Group Ⅱ）では「気候変動に対する社会経済システムや生態系の脆弱性と気候変動の影響及び適応策」，第3作業部会（Working Group Ⅲ）では「温室効果ガスの排出抑制及び気候変動の緩和策」を取り扱っている。

＊8　フェアトレード

フェア（Fair）とは，公正を意味しているが，何をもって公平であるのかは，難しい面が多い。「フェア」という言葉は，人によって価値観が異なるため簡単に使用することはできない。状況によっては，エゴイズムが露わに現れることもある。

環境問題に関する国際会議では，途上国は地域の衛生問題を取り上げ，先進国は地球環境破壊に関することに注目していることから，双方の意見は食い違うことが多い。さらに途上国は，先進国からの支援を強調し，先進国は世界共通の汚染対策の履行を求めている。この背景には，1950年代以降，先進国が巨額の融資をして途上国にインフラストラクチャー輸出を行ったことで途上国が莫大な債務を抱え，常に貧困に苦しんでいることにある。輸出されたインフラストラクチャー（道路，港，空港）は先進国への農作物，鉱物資源，エネルギー資源の輸出に利用され，多くの環境汚染を発生させる資源の一次加工の工場も先進国から移転している（公害輸出ともいわれた）。

このような状況から，巨大な債務を抱え経済的に弱い立場になった途上国では，農作物や工業品が適正とはいえない安価な価格で取引されることがある。また，先進国のプランテーションや工場，またはOEM（Original Equipment Manufacturer）生産では，労働者が過酷な作業条件で働かされていることもある。女性が深夜まで労働したり，子供が学校に行け行けずに働かされたりと，人権面で社会的不公平な状況となっていることさえ存在している。このような状態を問題として，適正な労働が確保され，農作物，工業品，鉱物・エネルギー資源が国際的に適正な価格を保ち公正な取引を行うことをフェアトレードという。途上国と先進国の格差是正を行う国際取引（既存の支配的なものに対するもうひとつの取引）として，オルタナティブ・トレード（Alternative Trade）という言葉でも表されている。

FLO（Fairtrade International：国際フェアトレードラベル機構），WFTO（World Fair Trade Organization：世界フェアトレード機関），EFTA（European

Fair Trade Association：欧州フェアトレード連合）の3つの団体共同で「フェアトレード」を「対話，透明性，敬意を基盤とし，より公平な条件下で国際貿易を行うことを目指す貿易パートナーシップである。"Fair Trade is a trading partnership, based on dialogue, transparency and respect, that seeks greater equity in international trade."」と示している。FLOが行う国際フェアトレード認証は，「経済的基準」，「社会的基準」，「環境基準」の面から行われており，バナナ，カカオ，コーヒー，綿花，サトウキビ，お茶など，16の対象品目（2013年1月現在）となっている。別途，FSC（Forest Stewardship Council）フェアトレード認証材として，2010年から木材も対象品目に加わっている。

*9　エコロジカル・フットプリント

　人が食事に使用する食材が，どのくらいの耕地面積を使用して作られたかを検討する際の自然資本消費の指標として検討されたのが始まりで，近年の牛のように草ではなくトウモロコシを原料とする飼料を消費する場合，エコロジカル・フットプリントは大きくなる。一般的には，人の足跡の絵を使い食材の種類でその大きさがかわることで消費（生産効率）量を示している。この考え方は，さまざまな自然資本が対象に検討されており，耕作地の他にも森林，牧草地，漁業資源および光合成で二酸化炭素を吸収する量（森林シンクの量）まで概念に含められることがある。

　他方，同じ土地で1年に何度も収穫できる場合は，エコロジカル・フットプリントが減少するように思われるが，農作物を作る際の肥料，水は大量に使用されるため，消費資源は増加している。別途，ウォーターフットプリント（農作物，畜産物が収穫・生産するまでに消費される水）は大きくなることから，簡単に環境負荷の大きさを示すことはできない。なお，水の消費に関しては，輸出入の際に見かけ上は見えないものとして仮想水（Virtual Water）が，ロンドン大学のアンソニー・アラン（Anthony Allan）によって提唱されている。この言葉は，中東など乾燥地域にある石油産出国は大きな利益を上げているが，その利益で大量の農作物・畜産物を直接輸入し，実際には大量の水を消費していることから考え出された。水が豊富なわが国でも果物など農作物や肉類が大量に輸入されていることから，仮想水も大量にあるといえる。これらは工業生産でも同様である。

　淡水は地球に存在する水の約2.5%で，人が飲める水になると0.1%と極めて少なく，将来世界的な水不足が懸念されている。環境対策として水の管理は今後重要性が高まることが予想され，企業は，事業活動および環境商品の視点としてウォーターフットプリントまたは仮想水に関する情報整備，対応が必要になると考えられる。

1-2 注意すべき点

(1) 環境対策の遅延による環境コストが増大

　環境保全に対する投資は，企業業績の悪化や景気の悪化の影響を受けて削減される傾向が強い。その理由は，この投資によって明確な利益を生み出すことが確認できないことによる。中長期的に見て企業活動にリスクを生み出すこと

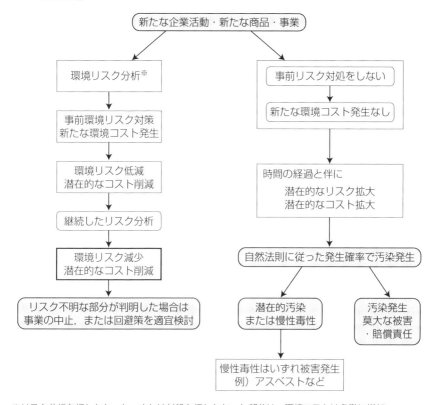

図1-3　新たな企業活動・新たな商品・事業におけるリスク対処の有無

※リスク分析を行わなかった，または対処を行わなかった部分は，環境コストは急激に増加
　例）福島第一原子力発電所の外部事象（自然現象：津波）による被災。

が予想でき，環境保護に携わる行政や環境専門家の多くが指摘していることであるが，短期間で利益を生み出したい企業にとっては理解しがたいことである。

環境保護への対処・投資が，遅れると環境汚染が拡大し，環境被害の発生の可能性が高まり，いったん環境損害が発生すると環境コストが急激に拡大するとのシナリオが予想されている。この対処として，早期に対策を行うことが環境コストの削減になる。また，事前対策として，環境リスクが不明な部分と，把握できる部分を確認し，不明な部分に関しては最も厳重な対処が必要である。

有害性が注目されている化学物質の対策は当然であるが，生産で使用される化学物質すべての化学的物理的な性質と使用量，環境放出量，移動量（廃棄物量，下水含有量）の確認できる範囲の情報を整備する必要がある。対処として，特に性質がよくわからない化学物質はシールするほうが妥当であろう。完全に近いかたちでリスクを回避する環境対策は，極めて難しい。環境被害を避けるためには，なるべく，使用する化学物質の種類を減少させ，管理する範囲を狭くするほうが合理的である。

リスク分析を可能な限り早急に実施することで，被害も低く抑えることが可能となる。この対策は，製造者としては商品の生産時だけではなく，使用される際，廃棄され処理処分される際の環境影響も含めて，多くの関連情報を積み重ね対策を考えていかなければならない。

(2) 政府，自治体が実施する経済的誘導策への対応

地球温暖化対策，酸性雨対策，粒子状物質汚染（PM，SPM）など，原因者が特定できない，または一般公衆など不特定多数の者が汚染原因者となっているものは，企業の対策の効果が見えづらい。2000年以前は，企業がこのような対策をとってもコストを膨らませるため，経営者，または短期的利益を得たい投資家にとってはあまり好まれなかった。しかし，環境税，炭素税，燃焼を制御させるための技術開発に関する助成金，補助金制度による環境政策手法が国際的に導入が進められており，さらに京都議定書が注目されたこと，花粉症，大気汚染物質が社会的に注目されていることから，企業の姿勢，開発に関する企画における重要な視点となりつつある。非財務会計を企業姿勢として示すの

は難しく，CSRレポートを利用しての文字・画像，または映像などを使用する場合もある。また，環境商品は，新たなコンセプトで開発，普及することから高コストとなる可能性が高い。公共機関からの経済的な誘導策（支援など）の動向を分析することも重要である。

図1-4 補助金受け展開する再生可能エネルギー（太陽光発電）ビジネス

太陽光発電や風力発電など再生可能エネルギーには，エネルギー政策面からも経済的な誘導が図られている。米国では低いエネルギー密度から多くのメンテナンスが必要であることから雇用促進策としても実施された[*10]。

他方，従来よりトリプルボトムラインとされる環境，社会，経済は，そもそも矛盾がある。経済と社会は，独立に存在しているが，短期的には環境はそれらに影響される面が極めて強く，現状では独立の分野として存在しているものではない。複数の学術分野の知見に基づき検討が行われているものである。自然科学の知見によって，社会，経済は大きく変化し，その変化が複雑に環境分野に影響することとなる。この状況を踏まえると，環境保全を目的とした経済的誘導策は，経済，社会の変化でその有効性が大きく変化することも事業計画では考慮しなければならない。CSR活動は，継続的に行われることが重要であるため，社会へのアピールのみで見切り発車的に始めても成果を達成することは不可能である。中長期的に計画的に進める必要がある。また，短期的にCSR活動を行うことや環境商品を開発・販売することは極めて難しく，却って経営リスクを発生させる可能性もある。

(3) 消費者における経済性の視点と環境性能との乖離

　消費者が燃費向上など省エネルギーを注目していても，エネルギーが安価になると環境性能の評価は低下する。安価な燃料を消費するサービスを優先する傾向がある。しかし，中長期的には，自然資本であるエネルギーおよびその生産施設に使用される材料（鉱物資源）は枯渇に近づき，いずれ供給が減少する。さらに化石燃料が二酸化炭素やイオウや水銀などを含んだ粒子状物質が一般環境中に放出され，地球環境を破壊し，地域環境の汚染を悪化させる。

　一般公衆は，リアルタイムで環境破壊や汚染の現状を把握することができないので，直接影響が現れる経済性に注目するのは当然である。この傾向に対応し，大量生産大量消費の経営戦略を立てていくと，短期的な利益は向上することができる。エネルギー供給，汚染物質の放出を拡大させると，過去の経済成長の再現であり，限界に向かって突き進んでいることになるが，「もの」，「サービス」が豊富にあることに価値を見いだす習慣から抜け出すことはなかなかできない。現状では，「持続可能性」という言葉は，一般公衆には十分に理解されていないといえる。ただし，企業は継続的成長が必要であることから，生産戦略に関して廃棄物処理処分，資源消費など多方面からの検討をもってロードマップを作り将来を見据える必要がある。

　ロードマップを作成することで，環境経営，環境戦略を事業の中に取り入れていくことができ，中長期的な視点で成果が期待できる。公害や原発事故は，短期的な利益しか見ていなかったため，多くの損害を生じたといえる。失われた利益は，企業，投資家をはじめすべての利害関係者，いわゆる国民全体の損失となっており，税金や公共料金で現在も支払い続けている。生活を支えている大量のエネルギーやものは長期的に考えると，環境への大きな負荷を後で生じさせ，その結果，経済的な巨額の負担をあとで支払っていることとなる。将来予測される地球温暖化を原因とする気候変動による経済的で莫大な負担は，人類が改善できる範囲を超える可能性もある。

　他方，商品企画の面では，ロハス（Lifestyles Of Health And Sustainability：LOHAS）[*11]商品やエシカルファッション，エシカルジュエリーなども経営面

での重要戦略となっている。これらの環境評価は，物が生まれてから処分されるまでのLCAである詳細な環境負荷データを整備し評価する必要がある。この環境負荷のすべてがコストとなり，このコストが低くならなければ，環境商品とはいえない。

　消費者には，環境性能について正確に理解することは難しいため，環境負荷を減少させることで経済性が向上することを示すことが重要である。すでに，省エネルギー家電が，年間消費電力量と同時に電気代の減少を営業戦略として示していることなどが挙げられる。ただし，例えば，長寿命性向上で新たな商品を買う期間が延びることが支出削減になることを，消費者が理解するにはまだ至っていないといえる。企業の設備管理では，腐食を防止（長寿命性を向上）するために塗料を塗布などし，メンテナンスを定期的に行っているが，一般公衆にとっては計画的な腐食防止が経済的になるとは考えにくい。

　一方，CSR活動や販売商品における環境性能をアピールして，企業のイメージアップを印象させ，ブランド化を創造しようとすることも試みられている。いわゆる，ブランディング（branding）[*12]の手法の1つとして，環境活動を位置づけるものである。再生可能エネルギーの利用やマテリアルリサイクルなど消費者にわかりやすく，「環境」のイメージを強調することが多い。しかし，環境保全は極めて複雑な面を持っており，環境のイメージを持っていても環境破壊を発生させていることもあり，事前のブレーンストーミング（brainstorming）[*13]など広い視点検討は不可欠である。例えば，風力発電施設は，騒音（周辺住民へ被害が発生している）やバードストライク（風力発電施設の羽（ブレード）に，渡り鳥や野生の鳥が衝突し死亡する），景観悪化（デンマークなどウインドファームといわれる大規模施設で従来より問題となっている）など環境問題を複数引き起こしており，わが国では環境影響評価法の対象となり，建設前に環境負荷の評価および周辺住民などとのリスクコミュニケーションが義務づけられている。前節で述べた「企業イメージのみで環境活動を行うと経営戦略のミスを誘う」ことも考慮しなければならない。

≪より深く学ぶために≫

*10 米国再生再投資法とスマートグリッド

　米国オバマ（Barack Hussein Obama Ⅱ）大統領が米国の景気刺激策として制定した「米国再生再投資法（American Recovery and Reinvestment Act：ARRA）」の中で，2009年2月に再生可能エネルギー導入の拡大とスマートグリッド整備に110億ドルを拠出することを表明し，当時世界的に注目を集めた。雇用創出を目的として，エネルギー密度は低いが再生可能な太陽光発電，風力発電などの拡大と，省エネルギー事業の活性化が図られている。スマートグリッドとは，電力供給について停電などを極力防ぎ信頼性が高く，効率的な送電を行うための賢い（smart）総配電網（grid）のことをいい，具体的にはIT（Information Technology）およびネットワーク技術を駆使して個々の家庭の電力消費状況をスマートメーターで管理し，関連があるインフラストラクチャーの整備などを行う。わが国でも，コンパクトシティ計画，再生可能エネルギーの大量発電管理などで検討，実行されている。ただし，わが国では，2016年4月以前は電力自由化があまり進んでおらず，国内の10電力会社で管轄地域の電力供給をほぼ独占していたため，計画的な送電設備およびITを利用し，すでに効率的な電力送電網は作られていた。スマートメーターなど，さらに無駄のない電力供給が進展していくと考えられるが，個人情報保護など問題も多い。

*11 ロハス商品

　ロハスとは，「健康や持続可能性に関して明確な意志をもったライフスタイル」の概念ことをいい，1998年に米国の社会学者ポール・レイ（Paul Ray）と心理学者シェリー・アンダーソン（Sherry Anderson）が提唱したものである。当初は，エコロジー（ecology）やオーガニック（organic：化学肥料・殺虫剤を用いない）な生活を目指したもので，イタリアのカルロ・ペトリーニ（Carlo Petrini）が1986年に主張したスローフード（slow food）や新たに創造されたスローライフ（Slow Life：またはSlow living）に類似の考え方である。しかしその後，ロハスの概念は，環境保全全般に広がり，自然素材の製品など日用品（石けん，シャンプー，ハンカチ，食器，衣類，ベビー用品など）から自然エネルギー，リサイクル，ぬいぐるみまで含む場合もある。「ロハス」を環境に関したイメージからブランド化し，出版社・商社が商標登録を行ったが，商標使用料はとられていない。なお，商標（trade mark）とは，自社の商品やサービスの出所を示すために使用される標識のことをいう。

＊12　環境ブランディング

　商品やサービスを顧客の視点から他の商品と分類（見分ける）するために，環境のイメージを使用した付加価値をつけブランドとすることを環境ブランディングという。ブランディングの概念が広まる前には，ブランドアイデンティティ（Brand Identity）といわれ，商標，デザインなどによって他の商品と差別化していた。企業そのものを差別化する際にも，1930年代に米国で広がった概念としてコーポレート・アイデンティティ（Corporate Identity）があり，近年ではCSRもこの評価の重要な項目となっている。ブランディングには，これらアイデンティティを包括的に含んだ概念といえる。良質な商品の視点として，「環境」は重要な価値となっている。エシカル（ethical）商品も，倫理的な概念の中にCSRが含まれ，環境保護は主要な概念を形成している。

＊13　ブレーンストーミング

　アイディアを出すための集団技法で，複数の者が柔軟な環境のもとで議論する手法である。代表的な方法として，KJ（Kawada Jiro）法が挙げられる。KJ法とは，膨大なデータを構造化し（単純化し），課題解決に利用する方法で，その手順は，①情報収集で得られたデータをラベルに書き込む，②多くのさまざまなラベルを分類する，③分類された各グループに名前（表札）をつける，④この検討によって数個のグループができる。⑤ラベルを模造紙に貼るなどして図示し，分類された各グループ間の関係づけを考える，といった作業で，情報の整理を行おうとするものである。

1-3　目標の設定

(1)　経済目標と環境目標の相違

　金融市場では，金融工学の発展により国際的な債権の運用が複雑になっている。米国では，2001年から右肩上がりの住宅価格を背景にして，住宅購入による資産価値の上昇が住宅ローンの借り入れを促進させた。さらに，住宅ローンの個人審査に適合するほど信用度がない大量の低所得者へ貸し出しを行った。しかも，信用度が低いことで利率を高く定めていた。このローンをサブプライムローン（subprime lending）といい，このローンの債権は証券化され，世界中の複数の金融商品に組み込まれ販売された。しかし，2007年から住宅価格が下落し，返済の延滞率が拡大したことで不良債権が増大し，住宅バブル崩壊となった。この影響で莫大な債権が消滅し，2008年9月には米国で有数の投資銀行であるリーマンブラザース（Lehman Brothers Holdings Inc.）が倒産したこと（リーマンショック）で世界的な金融危機が始まった。2009年末からはギリシャ経済危機が引き金となり，欧州金融危機（PIIGS：ポルトガル，イタリア，アイルランド，ギリシャ，スペイン）も発生した。

　金融市場では，バーチャルな巨額の資金が生み出され，瞬時に世界中を移動するが，経済バブルのお金で作られた住宅などの「もの」は，過剰に作られてしまう。「もの」と「サービス」は人の生活にとって必要であるが（個人の財力を超えて）適切な量を超えてしまうと，資源を無駄に莫大に使い，環境負荷を膨らませてしまう。間違った金融は，人の欲望に任せたバーチャルな資金を作るために，環境効率を悪化させるリスクを持つ。化石エネルギー[14]の供給においても大きな影響を持っており，将来の枯渇，地球温暖化による気候変動によるリスクおよび環境コストは，リーマンショックを上回る経済的損害を発生させるおそれがある。

　経済政策，金融政策を行う際には，今後は環境負荷面も考慮する必要があるだろう。例えば，中央銀行の利下げによって，設備投資などの「もの」，「サー

ビス」の生産を向上させ経済成長を計画する際にも，地球および地域環境への影響や資源の枯渇に関した中長期的な視点が必要である．国家施策だけではなく，金融機関においてもCSRとして，環境保護の目標を経営戦略に取り入れるべきである．

(2) 事業所内の環境保全活動

① 環境管理目標

　企業では，環境管理目標を立て，経時的にその実績を公開しているところが多い．2000年頃までは，非製造業は環境破壊・汚染にはあまり関係がないとされてきたが，現在では業種を問わず環境保全活動が必要となってきている．特に日本は，先進国の中ではこの傾向が現れるのが遅く，その後，貸し手責任としての銀行，保険会社など金融業も対象となり，多くの排気を出す運輸業など業界にとらわれなくなってきている．また，消費者の安全衛生に配慮するための責任として国際的に広がった製造物責任に，環境責任が加わってきた．これは，人の回りにあたりまえに存在する環境は，実際にはナイーブな存在であり，人為的行為で身近な自然から地球全般を変化させるおそれがあることが少しずつ理解されてきた結果である．さらに，気候変動など環境変化による物的損害は，猛烈な台風による風，洪水による被害を引き起こし，酸性雨は，建物・農作物などの劣化を生じさせる．このような，実質的な事件も増加してきており，視覚で理解する機会も高まっている．

　製造業では，複数の化学物質が消費されることから，公害防止対策に始まり，PRTR制度のような多くの化学物質を対象に包括的な環境リスクを低下させる活動へと対処の幅が急激に広がりつつある．また，地球温暖化原因物質は，二酸化炭素（燃焼など工業の基本的な操作），メタン（天然ガスの主成分），六フッ化イオウ（発電所で使用される絶縁体：代替が進んでいる），パーフルオロカーボン（電子機器工場のエッチングなどに使用）などは，人体への直接的な有害性が少ない．最も大量に放出される二酸化炭素は至る所から排出されることから，サプライチェーンの管理が非常に困難である．

　化学物質以外では，資源循環，緑化や工場内・社有地の自然保護（森林保護，

生態系保護),省エネルギーの促進,省資源,グリーン調達(サプライチェーンからの部品などの供給だけではなく,事務所で使用のマテリアルリサイクル文房具品の調達)などさまざまな活動がある。

② バックキャスティング目標

環境対策の目標には,地球温暖化対策のように,国際条約・議定書・協定などで期間を定めての環境破壊物質量の削減が求められている。また,各種リサイクル法の対象になっているもののように再生率目標値が定められているものは,目標の達成をしなければならない期日(将来)から振り返って,現在から経時的に目標値を定めていかなければならない。この場合,現状を正確に把握し,技術レベル(または技術の進展)に応じた対策・目標を計画的に定めていかなければならない。このような目標設定の方法をバックキャスティング(backcasting)による検討という。

「気候変動に関する国際連合枠組み条約」における締約国会議は,前述のIPCCによる世界の科学的知見を整理した結果に基づき,議論が進められている。IPCCによる報告には,政策者のための(政策立案用)報告書も作成されている。企業では,この報告を参照し,締約国会議の結果として示された目標値に向けて,IPCCの報告書を参考にして現在の状況を分析し,バックキャスティングで計画を作成していかなければならない。IPCC報告書では,科学的知見として,2100年における平均気温の上昇,異常気象の発生頻度増加などが示されており,別途,社会経済システムなどへの影響および適応策,温室効果ガスの排出抑制および気候変動の緩和策も示されている。

> ※気象庁では,「平均気温」,「異常気象」を以下のように定義している(引用:気象庁HP「予報用語」アドレス:http://www.jma.go.jp/jma/kishou/know/yougo_hp/mokuji.html(2016年3月閲覧)。(なお,異常気象については,WMO[World Meteorological Organization:世界気候機関]では,下線部が25年間に1回となっている。)
> 日(月,年)平均気温:日平均気温は1時から24時までの毎正時24回の観測値の平均。月(年)平均気温は毎日(月)の平均気温の月(年)間の平均。
> 異常気象:一般に,過去に経験した現象から大きく外れた現象または状態のこと。気象庁では,気温や降水量などの異常を判断する場合,原則として「ある場所(地域)・ある時期(週,月,季節など)において30年間に1回以下の出現率で

発生する現象」を異常気象としている。

企業では，条約，法令の規制に基づき，環境活動の計画を作成し，経時的な目標を立てていく必要がある。また，PRTRのように自主的な化学物質管理を行っているものに関しては，政府によるガイドライン（目標値の明示），業界で削減目標値を策定している場合があるため，ソフトロー（soft law）[*15]の観点からも環境活動を計画する必要がある。

表1-1 企業の事業所内環境活動（自主的活動）の目標（または行動計画）の表示例（バックキャスティングで計画を作成）

活動項目	活動内容	到達目標
地球温暖化防止	事業所（事務所，工場など）の省エネルギー，再生可能エネルギーによる電力調達 パッシブ・アクティブ型エネルギー利用事務所建設・省エネ車利用	…年までに，原単位[*]あたり，〇〇％（または，〇〇以上）の削減
資源循環	廃棄物の削減 ・マテリアルリサイクル（またはサーマルリサイクル）の利用 ・設備など塗装などによる長寿命性の推進	…年までに，原単位あたり，〇〇％（または，〇〇以上）の削減
化学物質管理	作業環境，一般環境への有害化学物質の排出の抑制	…年までに原単位あたりVOC（Volatile Organic Compounds）の〇〇％（または，〇〇以上）の削減 …年までに…物質について原単位あたり〇％（または，〇％以上）の削減

※一定量の製品・サービスを生産するのに必要な原材料や燃料・動力，労働力などの量。

わが国から原子力発電所を廃止すると決めた場合もバックキャスティングによって検討し，将来のあるべき姿を明確に想定し，現在から段階的な計画を立てなければならない。原子力発電所のリスクを正確に分析し，大きなリスクがあるところから順次廃止し，社会的な影響を総合的に検討しなければならない。科学的なリスク（不明なリスクも含めて）を踏まえず，経済的な面のみを考慮すると，却って大きな被害を発生させてしまう可能性がある。ただし，原子力

発電の場合は，これまでに環境リスクを十分考慮せずに急激に普及させすぎてしまったので，バックキャスティングで考える際の目標時期の設定自体が極めて難しくなってしまっている。

③ フォアキャスティング目標

生物多様性の保全など自然生態系を保護する活動や植林，環境教育活動（社員などステークホルダー・一般公衆），環境コミュニケーションなど将来にむけて環境保全目標を立てる場合は，これまでの実績・評価を考慮して計画することが必要である。現在および今後の社会経済的な影響を想定し，将来を予測して目標を設定することとなる。このような目標設定の方法をフォアキャスティング（forecasting）による検討という。

従来より工業製品の品質管理などで企業で実施されているシューハート・サイクル（Shewhart Cycle：PDCA［Plan-Do-Check-Act］cycle）で，活動をチェックし向上させる手法がさまざまな業種・職場で行われている。工業製品のように「もの」の管理だけではなく，人事管理まで応用されるようになっている。しかし，人事管理のように非常にフレキシブルで複雑な評価，管理に関しては，よく精査したうえでの運営が望まれる。この手法は，そもそもは工業製品の品質を保つためのものであるため，環境や人のように性能の測定が一様にできないものは，最悪の場合，形骸化した分析，評価が行われてしまい，本来の目的が果たせなくなってしまう可能性がある。いわゆる，無駄な活動を誘発してしまうおそれをもつ。例えば，質より量を重んじ，あまり効果がない活動について回数のみを増加させ，評価をクリア，または見かけ上のみ高くしてしまうことがある。PDCAサイクルを利用して目標と成果を点検する場合は，その手法の機能をよく把握して導入するべきであろう。

フォアキャスティングによって環境活動の目標を設定する場合，単純に定量的な目標を立てるより，定性的な効果を考慮した成果を示した方が妥当である。安易に量，回数の増加を成果として評価すると無駄な対応・作業が増加し，かえって組織内の人のモラール（morale）が低下してしまうため，広い視点での検討が必要である。

環境問題に関しては，将来の環境破壊の度合いを考慮し，被害発生を防止のための目標を設定しなければならない。例えば地球上の生態系は，すでに破壊が進んでいるため現状維持を保つだけでも十分な環境活動といえる。なお，従来から工場による景観破壊を改善するために，条例（都道府県，市町村による規制）で緑化が定められている場合が多い。また，景観法，および景観条例の規制についても配慮しなければならない。

表1-2 企業の事業所内環境活動（自主的活動）の目標（または行動計画）の表示例（フォアキャスティングで計画を作成）

活動項目	活動内容	到達目標
生物多様性の保全	事業所（事務所，工場など）内の森林などの管理 社有林など社有地の自然管理 工場周辺，事業所建物壁面・屋上の緑化	管理保全（現状の維持） ビオトープの設置 緑化の推進 景観保全
環境教育	社員教育（新入社員教育，定期的研修） 環境活動の公開 ・ステークホルダー，一般公衆への見学会など ・児童，生徒，学生への環境教育，学校への環境講師の派遣 ・ビデオ，文献の貸出・配布	環境検定取得，その他環境保全関連資格者養成 周知度の拡大 活動結果のCSRレポートなどでの報告 ホームページなどでの連絡先の明示
リスクコミュニケーション	事故時など緊急時に関する周辺住民への情報公開，避難など訓練 ・事業所内からの排出，移動※，および貯蔵される化学物質の種類と量（定性と定量情報） 消防など公共機関との連絡体制確保	活動結果のCSRレポートなどでの報告 工場見学会などの実施（連絡先の明示） インタラクティブな情報交換実施

※移動には，固形・液状廃棄物，下水が含まれる。なお，燃焼で排出される二酸化炭素，やイオウ酸化物など有害物質も気体状で廃棄されるものであるが，一般的には排出物として扱われる。また，貯蔵物の情報公開に関しては，日本のPRTR法である「特定化学物質の環境への排出量の把握等及び管理の改善の促進に関する法律」では規定されていない。

日本のPRTR法である「特定化学物質の環境への排出量の把握等及び管理の改善の促進に関する法律」では定めていないが，貯蔵化学物質（種類と量）を明らかにし，環境汚染など緊急時の備えを行っておく必要がある。企業の事業

所周辺地域のあらゆる面からの環境リスクを把握することで，地域住民へのリスク情報提供および正確な避難など明確な対策を準備することができると考えられる。しかし，企業の事業所内に貯蔵されている化学物質の存在情報は企業秘密に関わることもあり，公開することが難しい面も多い。今後，社会的なコンセンサスのもとで，リスク情報への理解が深まることが望まれる。

(3) 環境商品の性能

　企業で，経済面から考えて基礎研究まで投資できるところは限られており，市場性があるものを中心に開発，普及を図っている。近年の商品開発では，消費者の求めている商品・サービスを調査（marketing）し，提供するマーケットイン（market in）で行われている。しかし，環境保護を中心に考えた製品は，既存商品より環境性能（環境保護に配慮している性能）に関しては高いが，その他の性能は同等または低く，さらに値段が高い。環境保護に高い関心がある者の需要をたよりに販売促進活動を図っても効果は期待できない。

　したがって，一般消費者へ環境商品を購入させるニーズを作るための政策が行われることがある。例えば，「国等による環境物品等の調達の推進等に関する法律」（略称：グリーン購入法）によって政府および政府の資金援助を受けている機関が環境商品を率先して購入し，政策的に市場を作り出している。この環境政策は，自治体によって先に行われたもので，身近な文房具などから始められている。対象となった文房具は，廃プラスチックや古紙などマテリアルリサイクルによって作られたもので，バージン品に比べ生産量が少ないため高コストとなる。したがって，環境商品であるマテリアルリサイクル製品は高価格となるため，一般的には税金を使っての購入は行われないが，当該環境商品の市場を拡大することを目的に政策的に実施された。市場が拡大すれば大量生産が可能となり，コストを低く抑えることができる。また，使用される廃プラスチックは，工場で発生する端材（材料を成形などする際に発生する切れ端）であるため，材料としての性質はほとんど劣化しない。古紙の場合，見た目，品質（紙材料のセルロースの繊維は短くなる）は劣化するが，紙としての機能は確保されている。

「容器包装に係る分別収集及び再商品化の促進等に関する法律」（略称：容器包装リサイクル法，または容リ法）や「特定家庭用機器再商品化法」（略称：家電リサイクル法）などリサイクル法では，メーカーまたは利用業者に，回収，再生が義務づけられたことから，リサイクルシステムおよび製品のリサイクル性を高める開発が進められている。メーカーにとって，これまでの生産と異なるインバースマニファクチャリング（逆工場）は経験が少なく，再生品に関して新たな商品開発が必要となっている。もっとも，化学メーカーは，化学物質を扱い，分子または原子レベルでの反応を行っていることから，マテリアルリサイクルに関しては応用範囲が広いと考えられる。廃棄物を減らすこと自体が環境コスト削減につながることから，すでに経営戦略の重要な項目となっている。再生品の品質向上が図られれば商品としての価値が拡大し，環境商品の性能向上へとつながっていくこととなる。将来は，素粒子に関する理論的な解明が進み，さらに微小レベルでのリサイクル（マテリアルリサイクル，ケミカルリサイクル，サーマルリサイクル）の可能性が高まると考えられる。

　今後，省エネルギー技術の向上，核融合エネルギー・自然エネルギーの利用拡大およびナノテクノロジーの開発が進展していくことによって，資源の効率化が高まり，無駄が減少され，廃棄物など環境負荷削減が期待される。これらには，技術開発の動向が重要な要素となっており，企業の環境活動を進めるうえで注目にしていく必要がある。

　わが国では，旧科学技術庁（現 科学技術・学術政策研究所）の頃から，国による5年に一度，将来技術の実現度を調査している。調査方法は，デルファイ法（アンケート調査を行い，その結果を再度調査者に送り，結果を収斂させる調査方法）が用いられており，技術予測調査といわれている。この調査結果および分析は公開されており，「将来社会ビジョンの検討」，「分野別科学技術予測」，「国際的視点からのシナリオプランニング」に分類されており，将来の技術動向を検討するうえで参考になると思われる。

　なお，消費者にとっては，急速に変化する環境商品の機能を理解するのは困難であることから，前述の環境表示は，商品の環境性能を知るための重要な情報となる。環境省のガイドライン（『環境表示ガイドライン【平成25年3月版】』

[2013年] 8頁より) では, イメージ表示ではなく, 確かな信頼性を持った適切な環境性能情報を提供することで, 次の効果を挙げている。

・虚偽や誇張といった不当な環境表示が防止できること
・環境表示の信頼性や透明性の確保ができること
・環境表示が消費者に積極的に活用されること
・環境配慮型製品の開発を促進すること
・積極的なグリーン購入を促進すること

都市開発など自然そのものを改変するような事業には, 環境影響審査法によって, 環境へ与える影響について事前アセスメントが行われている。新たな技術が実現したことを想定した環境への影響を予想することも重要なアセスメントである。今後は, 商品の環境アセスメント情報であるLCA情報の整備が必要である。企業, 国内外の業界, 政府および国際機関によるLCAに必要なデータを共有するための規制および体制が構築していくと考えられる。企業においては, まずPRTR情報と, SDS (Safety Data Sheet：化学物質の化学的物理的, 有害性データなどを一覧表にしたもの) を整備することが必要である。この情報の整備には, サプライチェーンからの協力は不可欠であり, 自動車メーカーや電気メーカーでは, すでに国際的にシステムが進められている。

≪より深く学ぶために≫

*14　化石エネルギーと環境

　化石燃料には, 石油, 天然ガス, 石炭があり, 価格が上昇すると, 高い採掘コストをかけられるため採掘可能量が増大する。逆に価格が安価になると, サンドオイル・オイルシェールや海底深くにあるものなど採掘が困難なもの, 希薄な濃度で存在しているもの, 分離精製が困難なものなど大きなコストがかかるものが採算割れし採掘できなくなり, 採掘可能量は減少する。また, 技術開発により採掘コストが減少した場合には, 化石燃料価格が低くできる。あるいは, 価格を下げなければ採掘可能量が増加する。

　石油生産国の石油の価格戦略によって, 経済的影響力が極めて大きいエネルギー資源供給が変化する。今後は, シェールガス, メタンハイドレートなどからも採

掘が期待される天然ガス，石炭の液化・微粉化および原子力発電の普及などによって，石油だけでなく，さらに複雑化して世界のエネルギー状況が変化すると予想される。

　これら変化と国際的な経済動向はリンクして変化すると考えられるが，気候変動など地球環境破壊，酸性雨による大気汚染などは，地域環境汚染へ大きな損害を与えることも考慮していかなければならない。企業の環境活動では，これら国際状況も踏まえた計画を策定することが必要である。

*15　ソフトロー
　ソフトローとは，現実の社会において，市民，企業，国家が，何らかの拘束力を持ちながら従っている規範のことをいい，法律や条例（または慣習法）のように強制的な実行を保証されているものではない。しかし，広い範囲で自然環境を保護するためには欠かせないものである。近年では，企業や産業界が社会的な責任の観点から率先して環境保護のための自主的な規制を作成している。また，一般公衆の間では，汚染がない健康な生活を送り続けるためのライフスタイルに関した慣習が広がりつつある。したがって，国際条約，国内法令，条例のように明確な数値目標が定まっていないが，一定のコンセンサスが得られた環境活動が期待されており，個々の社会環境に応じて各産業界などで個別の検討が行われている。

第2章
国内外の動向

2-1 持続可能な開発のための目標

2-2 CSRの視点

2-1 持続可能な開発のための目標

(1) 持続可能な開発概念の誕生

1972年にローマクラブ（Club of Rome）[*1]が発表した『成長の限界（"The Limits to Growth"）』（日本語版：ドネラ・H・メドウズ，監訳 大来佐武郎『成長の限—ローマ・クラブ人類の危機レポート』［ダイヤモンド社，1972年］）では，「世界環境の量的限界と行き過ぎた成長による悲劇的結末を認識することが必要である」ことを主張している。この書では，人類が資源を消費しているだけではいずれ枯渇し，環境汚染も拡大し，人類の未来は絶望的な状態を引き起こすとのシミュレーションを実施している。解析結果では，食糧生産や工業生産の減少によって，2030年には世界の人口が半減するとの予測となっている。同年にスウェーデン・ストックホルムで世界で初めての環境保護に関する国際会議である国連人間環境会議（United Nations Conference on the Human Environment；UNCHE）[*2]が開催され，国際的に環境汚染が発生していることが問題となった。汚染の主要な原因は，企業活動にあることは明らかであり，企業における環境活動の必要性が注目され始めたといえる。

『成長の限界』の出版の後，委託研究を実施したMIT（Massachusetts Institute of Technology：マサチューセッツ工科大学）では，1992年に『成長の限界を超えて（"Beyond the Limits"）』（日本語版：ドネラ・H．メドウズ，デニス・L．メドウズ，ヨルゲンランダース，訳 松橋隆治，村井昌子，監訳 茅陽一『成長の限界を超えて—生きるための選択—』［ダイヤモンド社，1992年］），2005年に『成長の限界 30年目の改訂 "The Limits to Growth The 30-Year Update"』（日本語版：ドネラ・H．メドウズ，デニス・L．メドウズ，ヨルゲンランダース，訳 枝廣淳子『成長の限界 人類の選択』［ダイヤモンド社，2005年］）を発表している。

1980年には，IUCN（International Union for Conservation of Nature and Natural Resources：世界自然保護連合）[*3]，UNEP，WWF（World Wildlife Fund：世界自然保護基金［世界的な環境NGO］）が共同で今後の環境保護について検討を行い，

「世界環境戦略（World Conservation Strategy）」が発表された。この中で「持続可能な開発（Sustainable Development：持続可能な発展と訳されることもある）」が提唱され，国際的に注目されることとなった。その後，国連総会の要請により「持続的開発を達成し，永続するための長期戦略を提示すること」などを目的として設置された「国連の開発と環境に関する世界委員会（World Commission on Environment and Development：WCED）」で，検討され，1987年にまとめられた報告では，「環境とは私達の住むところであり，開発とはその中で私達の生活をよくするよう努力すること」と定義され，「環境と開発は不可分」であるとの立場から「持続可能な開発」というテーマを国際的に浸透させた。この委員会の報告は，議長のグロ・ハーレム・ブルントラント（Gro Harlem Brundtland：当時のノルウェー首相）の名前をとって，「ブルントラント報告」と呼ばれている。この考え方は，その後の企業の環境活動の基本的な方針となっている。

　公害対策を行うために，わが国では「大気汚染防止法」，「水質汚濁防止法」などの法令に基づき，工場，移動体などの排出口で有害物質を測定し（エンドオブパイプ方式），モニタリングする規制が厳しく行われた。この手法（直接的規制）で環境保全を図るために，化学測定（有害物質の定量，定性分析），物理測定（騒音，振動など）体制が整備され，行政，企業内組織および民間環境計量事務所によって環境リスクの低減が図られている。別途，労働現場における作業環境に関する測定も進展し，労働安全衛生法およびその特別法で，安全管理も推し進められている。すなわち，わが国の一般環境，作業環境の有害物質汚染管理に関しては経験および人材が豊富である。しかし，持続可能な開発には公害対策は不可欠であるが，CSRレポートでステークホルダー，一般公衆に現状を示すには，自然科学的な要素が多く理解されにくいと考えられる。この安全管理を，企業における環境活動としての成果に理解を得るには，工夫が必要であろう。また，これに法律や経済など社会科学的な要素が加わると，環境と開発の関係はさらに複雑となる。「持続可能な開発」という言葉を安易に多用することはできない。

(2) 「持続可能な開発」に関する国際会議

人間環境会議（1972年）から10年後には，UNEPの本部のあるケニア・ナイロビで，「ナイロビ会議（Nairobi Conference）」（1982年）が行われ，新たに生じた問題への対処方針として，環境，開発，人口，資源の相互関係の重視，国家または国家の集団の間における合理的なエネルギー計画の策定，環境に対する被害予防の推進などが示されている。そして，20年が経過して，「持続可能な開発」をテーマに，地球環境破壊など多様化した環境問題の対処が，ブラジル・リオデジャネイロで議論された。この会議は，「国連環境と開発に関する会議（United Nations Conference on Environment and Development；UNCED，「リオの会議」ともいわれる）」（1992年）といわれ，27の原則が定められた「環境と開発に関するリオ宣言」（Rio Declaration on Environment and Development）と21世紀に向けての人類の環境保全に関する行動計画が定められた「アジェンダ21」（Agenda 21）が採択されている。また，重要な地球環境問題対処の指針となる「気候変動に関する国際連合枠組み条約（United Nations Framework Convention on Climate Change）」および「生物多様性に関する条約（Convention on Biological Diversity）」に多くの国が署名した。この2つの条約は，その後の企業のCSRおよび環境経営における環境活動に大きな影響を与えることとなる。

他方，環境NGO（Non-Governmental Organization）が会議で正式に発言権を持ち，重要な提案が行えるようになった。このことによりNGOは，学術的な検討への参加および企業との協働プロジェクトの拡大，シンクタンクとしての役割など多岐にわたり重要な存在となった。

「持続可能な開発」は，観光分野，教育分野，資源採掘など複数の分野で主要な戦略となっており，企業の環境活動の際に不可欠なコンセプトとなっている。しかし，多くの消費者は，生活の維持，向上が最も優先される判断基準であり，持続可能性と関連づけることは難しい。したがって，行政，企業，学術分野と，消費者，一般公衆との意識は未だ乖離しているのが現状である。子供，孫など次世代へ悪影響を後送りする（つけを後回しにする）との説明がよく行われるが，人によって理解度に格差がある。

「国連環境と開発に関する会議」の10年後，南アフリカ共和国・ヨハネスブ

ルクでリオ＋10といわれる「持続可能な開発に関する世界首脳会議（World Summit on Sustainable Development：WSSD）：通称「ヨハネスブルグの会議」と呼ばれる」(2002年8月26日から9月4日［首脳会議は9月］)が開かれ，上記「アジェンダ21」をより具体化させるための200以上のプロジェクトが登録された。わが国から「持続可能な開発のための教育の10年」が提案され，各国政府や国際機関の賛同を得て「持続可能な開発に関する世界首脳会議実施計画」に認められ，2002年12月に第57回国連総会で，2005年から2014年までを「国連ESD（Education for Sustainable Development：持続可能な開発のための教育）の10年」とする決議が採択された。わが国では，国連大学，環境省，環境NGOが中心となって進められ，ユネスコスクールなどに受け継がれている。この教育は，環境教育の中に取り入れられ，企業のCSR活動にとっても重要な視点となっている。環境教育による知識の普及は，環境活動を行う際の最も基礎的なインセンティブになり得る。

(3) リオ＋20

① 経済的ダメージ

「国連環境と開発に関する会議」の20年目の節目の年である2012年6月20日から22日まで，再度，ブラジル・リオデジャネイロで「国連持続可能な開発会議（United Nations Conference on Sustainable Development：UNCSD，「リオ＋20」と呼ばれている）が開催されている。国際的な背景としては，2008年の米国のリーマンショック以降続く国際的な不況，EUの金融不安があり，経済的に不安定な時期であったといえる。わが国では，2011年3月に東日本大震災があり，福島第一原子力発電所事故が発生し，自然災害の恐ろしさへの対策と環境アセスメントが不足した巨大技術の広大な環境汚染（放射性物質汚染）への対処に混乱していた時期である。

このような状況の中，この会議では，3日間で約170カ国の首脳，閣僚，政府関係者など世界各国から約5万人が参加した。会議は終始，環境保護が経済発展の制約となるのを警戒した開発途上国の姿勢が強く表れる結果となっている。

図2-1 リオデジャネイロ　キリスト山（Corcovado）のキリスト像の前の展望台より

ブラジルは，以前は途上国とされてきたが，「国連持続可能な開発会議」が開催された2012年には，工業新興国として国際的にも強い経済力を持っていた．しかし，2015年末以降エネルギー価格の急激な下落で，主要産業である石油採掘が不振となり経済が低迷した．

「国連持続可能な開発会議」では，経済的に大きな力を持った中国をはじめとする工業振興国が発言力をもち，これら国々に関係が深い途上国およびさまざまな思惑を持った先進国，さらに最も支援が必要な後発途上国が同じ会議場で議論を行っている．きわめて複雑な国際関係がうごめく中で，人類および生態系の「持続可能性」が決められることとなった．GDP（Gross Domestic Product）が最も大きい国である米国は，「気候変動に関する国際連合枠組み条約京都議定書」，「生物多様性に関する条約」，「有害廃棄物の国境を越える移動及びその処分の規制に関するバーゼル条約」に参加せず，国際的な環境活動の大きな障害になっている．不参加の理由は，経済的なダメージがあるためと明確に示しており，他の国々もこの姿勢に追随するのは，国の発展・安定のためであろう．しかし，地球的規模での環境活動は日々遅れていくことになる．

② **汚染者の負担**

環境汚染と被害に関しては本来は，「汚染者負担の原則」[*4]に基づいて検討しなければならない．環境に配慮するためのコストを製品の値段に含めること

で貿易の不均衡を防止することが可能となる。しかし，環境コストを支払うことが経済的ダメージとの考え方は，1960年代の公害が問題となっていたときからあまり進歩がない。

中国も本会議で，首相（当時 温家宝）が自国を大きな開発途上国と述べ，先進国は途上国が持続不可能な生産・消費モデルを放棄したうえで，発展を助けるべきであると主張している。この主張の根拠は，「国連環境と開発に関する会議」（1992年）で採択された「環境と開発に関するリオ宣言」第7原則で示された「環境保護に関して，先進国は開発途上国とは差異ある責任がある」との規程に基づいて，先進国が現在の環境問題に対して「特別な責任」があるとされたことにある。

この「差異ある責任」は，「国連環境と開発に関する会議」以降の環境保護に関わる国際会議では，常に途上国が主張していることである。「気候変動に関する国際連合枠組み条約」ではCDM（Clean Development Mechanism）[*5]において地球温暖化防止のための途上国への資金，技術支援が行われた。「生物の多様性に関する条約」では遺伝子の利用に関した「遺伝資源へのアクセスと利益配分（Access and Benefit-Sharing：ABS）」[*6]について，先進国と途上国の間で激論が交わされた。両条約とも米国が参加しなかった理由とした経済的なダメージについて争われている。ただし，見方を変えると，途上国のダメージが先進国によって補填されれば，経済的利益に転換できる可能性が高い。資金援助または無償の技術移転・取得などである。米国と中国は，この点について激しく対立した。

二酸化炭素の排出への規制は，全産業が取り組まなければならないが，フリーライダーを排除した公平な国際的対策は不可能に近い。さらに企業は，対策を実施することへの経済的なメリットを見いだすことは非常に難しい。また，生物がもつ遺伝子は，医薬品，化学品などの新製品開発に大きな可能性を持っており，すでに途上国に生息する植物などの遺伝子を利用した多くの医薬品が開発されている。この巨額の富を生み出す知的財産の所有者・占有者が誰になるのかで，企業にとっては死活問題にもなる。このような状況の中で，環境活動を企業経営の中でどのように位置づけるかは，企業の事業内容によって立場

が異なることから，対応はまちまちとなる。社会的状況を踏まえて対処が必要であろう。自社の目の前の利益のみに注目しすぎると，中長期的には大きな損害となってしまう可能性がある。燃費の悪い高額で大きな車を作り続けても購入者は限られ，購入意欲の減少傾向が発生すると経営破綻する可能性がある。ヒット商品を作り出すのに莫大な費用が必要な医薬品の開発で，遺伝子配列に関する知的財産を失えば経営を継続することはできなくなる。

　他方，わが国の福島第一原子力発電所における事故も，責任の所在があいまいなまま，対処が行われている。また，事故を発生させた政府，行政の政策の失敗に関する検証（原子力発電のリスクおよび不明なリスクを正確に公開しなかったことなど［安全性を主張しすぎたこと］），正確なリスクを公開したうえでの事故の再発防止，事故時の周辺住民，フォールアウト（fallout：放射能をもった化学物質の降下物）が予想される遠隔地の住民避難，農林水産物への被害対策など不完全なままである。一般公衆には，原子力，核エネルギー，原子力発電などを一方的に悪いことと思っている人は少なくない。核反応を理解している者は少なく，放射線を利用する際も国家資格を要する作業（医療，工業）が多く，特別な知識が必要である。このような状況からフォールアウトした地域，汚染水の流出した海域の農作物，海産物に関した風評被害および避難民への差別など，信じられないような被害が発生している。当該被害に関連する事業を行っている企業は，環境活動として正確な情報を公開することもCSRといえるだろう。

　本会議では，わが国から世界の「持続可能な開発」への表明は，「緑の未来イニシアチブ」と名付けた2013年からの3年間で計60億ドルのODA（Official Development Assistance：政府開発援助）実施というものである。ODAとは，政府が支出する資金で行われる開発途上国を支援する無償援助，技術協力，または借款，国際開発機関への出資のことをいう。この援助は，「先進国は開発途上国とは差異ある責任がある」（「環境と開発に関するリオ宣言」第7原則規定）に基づいている。支援の具体的な内容は，エネルギー，農業など3年間で1万人の専門家の派遣，防災計画などソフト面での協力などである。2012年6月に国連難民高等弁務官事務所（Office of the UN High Commissioner for Refugees：

UNHCR）が発表した報告書「グローバル・トレンド2011」では，2011年に紛争などで住む場所を追われた人が約430万人にのぼり，そのうち国境を越えて難民となった人が80万人発生したと報告している。これら対策は，各国政府による支援および国際関係によって推進されるべきことである。ただし，ODAを行うにあたって，「もの」，「サービス」の供給，技術開発などは企業の活動が期待されている。

③ 経済，社会，環境

他方，将来に向けての具体的な計画として，経済，社会，環境の側面で検討および調整が必要であることについて国際的なコンセンサスが得られたことで，経済と社会から環境が議論され，具体的には，「持続可能な開発及び貧困根絶の文脈におけるグリーン経済（通称「グリーン経済」と呼ばれている）」[*7]と「持続可能な開発のための制度的枠組み（通称「法的枠組み」と呼ばれている）」が重要であることが確認された。「持続可能な開発のための制度的枠組み」については，「持続可能な開発に関する世界首脳会議（ヨハネスブルグの会議）」（2002年）においても議論されており，「ヨハネスブルク実施計画」（会議採択計画）で示された「国連専門機関，プログラム，基金，国際金融機関など総合的な活動に取組むこと」が，再確認される形となった。

「持続可能な開発及び貧困根絶の文脈におけるグリーン経済」については，開発途上国から経済発展の障害になることが懸念され，慎重な対応を求める意見が相次いだ。その結果，具体的な数値目標などは決めることはできず，会議採択文書の中で，環境を破壊することなく経済発展をするための「持続可能な開発目標」を作るために専門家会合を設け，2015年までに策定を目指すことが定められた。この会合の成果は，次に説明する「持続可能な開発のための目標」（2015年発表）に含まれることとなった。

わが国やブータンなどが新たに提案していたGDP（Gross Domestic Product）に変わる豊かさの指標である「幸福度」[*8]に関しても，途上国が経済の足かせになることが懸念され，採択文書からはから削除された。「幸福度」は，OECD（Organization for Economic Cooperation and Development：経済協力開発

機構）でも積極的に検討を行っているが，途上国には受け入れられなかったといえる。ただし，「国連人間環境会議（1972年）」に採択された「人間環境宣言」の第1原則では，「人は，尊厳と福祉を保つに足る環境で，自由，平等および十分な生活水準を享受する基本的権利を有するとともに，現在および将来の世代のため環境を保護し改善する厳粛な責任を負う。これに関し，アパルトヘイト，人種差別，差別，植民地主義その他の圧制および外国支配を促進し，または恒久化する政策は非難され，排除されなければならない」と謳っており，当時の途上国の環境権と幸福権の確保およびローマクラブが「成長の限界」で述べていた「途上国が先進国に対して相対的に向上すること」が示されている。しかし，この重要な問題解決のための規定が考慮されていない。そもそも経済は，社会活動を効率的にするために進展してきたものが，人類の生活基盤の維持と相反していることは，本末転倒であると思われる。その後，途上国間の格差が広がり，後発途上国の立場は一層弱まっている。国際展開する企業は，各国の人権や環境保全に関する事情をよく調べ，CSRを慎重に図っていかなければならない。

　わが国では，1970年以来「環境権」*9の存在の有無が未だに議論されている。憲法学者など法学者の間でも意見が分かれている。環境権は，日本国憲法第13条の「すべて国民は，個人として尊重される。生命，自由及び幸福追求に対する国民の権利については，公共の福祉に反しない限り，立法その他の国政の上で，最大の尊重を必要とする」および第25条第1項の生存権として定められた「すべて国民は，健康で文化的な最低限度の生活を営む権利を有する」に基づいた基本的権利として提唱されたものである。しかし，日本国内においても，「幸福」および「最低限の生活を営む権利」と「環境」との関係にコンセンサスが得られているとはいえない。これまでの判例では，「日照権」，「自然景観の保全」，「文化的景観の保全」，「騒音」などの侵害について環境権が主張された。ほとんどの場合，環境権ではなく人格権の「幸福権」侵害として一部が認められている。

　また，環境権の根拠として，環境基本法第3条「環境の恵沢の享受と継承等」が取りあげられ，企業活動との関連について第8条「事業者の責務」も挙

げられている*10。したがって，企業活動においても関連する部分は至る所にあり，一般公衆とのコミュニケーションなどにより，環境リスクを十分に検討していかなければならない。

　他方，近年では企業の国際的な社会貢献として，植林活動，環境保護に関する人材育成・教育支援などが行われている。インタープリターの育成などを行っている企業もあるが，わが国政府による環境教育の支援も一層必要である。今後，政府の国内外への支援と企業のノウハウを利用した社会貢献活動が社会的に求められてくる。先進国の巨大企業や大国政府との関係が深い途上国政府の意向ではなく，世界各国で実際に発生している環境問題（水不足・衛生問題，森林消滅・砂漠化，海面上昇など）にも目を向け，環境活動の方針を検討していく必要がある。

(4) SDGs

① 検討の経緯

　「国連持続可能な開発会議（リオ＋20）」の会議で採択された「持続可能な開発及び貧困根絶の文脈におけるグリーン経済」ための「持続可能な開発目標」を策定するために，「持続可能な開発目標に関する政府間協議プロセス：オープン・ワーキング・グループ」が新たに設立されている。このワーキンググループでは，2014年までに会議を13回開催し，経済的，社会的，環境的側面から検討が行なわれ，同年7月に目標草案を国連総会に提出している。

　その後，2015年9月25日に開催された第70回国際連合総会で「持続可能な開発のための目標（Sustainable Development Goals：以下，「SDGs」とする）」が採択された（発効は，2016年4月）。採択文書の最初に示された主要な用語に，人間，地球，繁栄，平和，パートナーシップが示され，環境権・幸福権，環境効率の向上，人類の発展と自然との調和，環境破壊を引き起こす最も最悪な戦争などの否定，貧困の解決と国際協調が示されている（**表2-1参照**）。

② SDGsの具体的な目標

　SDGsは，2015年以降，世界で2030年までに達成すべき環境政策，社会保障，

表2-1　SDGsにおける主要な用語の定義

人間
我々は，あらゆる形態及び側面において貧困と飢餓に終止符を打ち，すべての人間が尊厳と平等の下に，そして健康な環境の下に，その持てる潜在能力を発揮することができることを確保することを決意する。
地球
我々は，地球が現在及び将来の世代の需要を支えることができるように，持続可能な消費及び生産，天然資源の持続可能な管理並びに気候変動に関する緊急の行動をとることを含めて，地球を破壊から守ることを決意する。
繁栄
我々は，すべての人間が豊かで満たされた生活を享受することができること，また，経済的，社会的及び技術的な進歩が自然との調和のうちに生じることを確保することを決意する。
平和
我々は，恐怖及び暴力から自由であり，平和的，公正かつ包摂的な社会を育んでいくことを決意する。平和なくしては持続可能な開発はあり得ず，持続可能な開発なくして平和もあり得ない。
パートナーシップ
我々は，強化された地球規模の連帯の精神に基づき，最も貧しく最も脆弱な人々の必要に特別の焦点をあて，全ての国，全てのステークホルダー及び全ての人の参加を得て，再活性化された「持続可能な開発のためのグローバル・パートナーシップ」を通じてこのアジェンダを実施するに必要とされる手段を動員することを決意する。

出典：国際連合『我々の世界を変革する：持続可能な開発のための2030アジェンダ』国連文書A/70/L.1（2015年9月25日　第70回国連総会で採択）1～2頁。

　資金確保の指針となる17の目標（**表2-2参照**）と169項目からなる具体的内容が示されている。2001年に2015年を達成期限として，「極度の貧困と飢餓の撲滅」，「初等教育の完全普及の達成」，「ジェンダー平等推進と女性の地位向上」など8つの目標が掲げられた「ミレニアム開発目標（Millennium Development Goals：MDGs）」[*11]をさらに発展させる形となっている[*12]。なお，地球温暖化による気候変動に関する世界的対応についての目標13は，「気候変動に関する国際連合枠組み条約」における締約国会議が国際的政府間の交渉を行う基本的な対話の場であることが付け加えられている。具体的には，「気候変動とその影響に立ち向かうため，緊急対策を取る（Take urgent action to combat climate change and its impacts）」と記載されている。

2-1 持続可能な開発のための目標

表2-2 SDGsにおける17の目標

目標1：貧困をなくす	目標10：格差の是正目標
目標2：飢餓をなくす	目標11：持続可能な都市とコミュニティづくり
目標3：健康と福祉	目標12：責任ある生産と消費
目標4：質の高い教育	目標13：気候変動への緊急対応
目標5：ジェンダー平等	目標14：海洋資源の保全
目標6：きれいな水と衛生	目標15：陸上資源の保全
目標7：誰もが使えるクリーンエネルギー	目標16：平和，法の正義，有効な制度
目標8：人間らしい仕事と経済成長	目標17：目標達成に向けたパートナーシップ
目標9：産業，技術革新，社会基盤	

出典：国際連合『我々の世界を変革する：持続可能な開発のための2030アジェンダ』国連文書A/70/L.1（2015年9月25日　第70回国連総会で採択）より作成

　目標1～6（飢餓，貧困，差別の排除，教育の向上）に関しては，1972年にストックホルムで開催された「国際連合人間環境会議（UNCHE）」からの国際的問題とされてきたものである。途上国，後発途上国と先進国の対立の要因ともなっており，今後の環境保護に関する国際条約検討における主要な課題である。ジェンダー平等（男女平等）については，先進国の中でわが国はかなり遅れており，企業内における改善が国際社会から要望されているといえる。環境汚染防止面では，特に，目標6は，「すべての人に水と衛生へのアクセスと持続可能な管理を確保する（Ensure availability and sustainable management of water and sanitation for all)」ことを述べており，身近な環境に関する重要な課題である。近年は，水不足の影響（UNDPの［United Nations Development Program：国連開発計画］2014年試算では，全世界の人の40％に及んでいる）が深刻になってきており，IPCCの第5次報告（2013年～2014年に発表）では，地球温暖化による気候変動の影響によってさらに悪化することが予測されている。わが国では，将来の水不足の対処として2014年に「水循環基本法」が制定・施行され，2015年7月に縦割りだった複数の中央省庁が協力して策定した「水循環基本計画」[*13]が作られている。

　農作物の「仮想水（virtual water：またはバーチャルウォーター）」の面からは，日本人の生活様式の変化がこの問題を悪化させる大きな要因の1つとなってい

る。輸入される果物など食品に含有される水分，世界各国から輸入される工業部品が製造されるまでに洗浄などで使用される水，木材や紙（原料が木材），農産物から化学合成される生分解性プラスチックなど，わが国には大量の仮想水が存在している。企業では，製造物，販売物，または文房具などグリーン調達（購入）品などに関しても情報を調査・把握し，今後の対応を整備しておく必要がある。

図2-2 熱帯地域で多くが採取されるヤシの実（実用価値が高い）[カンボジア]

ヤシは，食用としてはココナッツ・お酒（蒸留酒）・ジュース・砂糖の原料となり，ウースターソースの一部の原料，漢方薬の原料，油としての工業用利用など多くの産業で利用されている。大量の仮想水であるといえる。

企業，消費者の環境意識も向上しているが格差も大きく，経済的背景の影響を強く受ける。また，多くのフリーライダーが存在し，多くの人々の環境保全へのインセンティブを落としていることも現実である。生態系は，人による環境中の物質バランスの変化，狩猟や漁猟などで恒常的に地球規模の破壊が進んでおり，密漁や国際法違反など目先の利益を得ようとした人々，いわゆる将来の人類の生存を考えないフリーライダーが世界のあちらこちらで次々と発生している。消滅した自然を取り戻すことは至難の業であることを人類が理解しな

ければ，モグラたたきのような対策が続けられることになるだろう．

また，目標7では，「すべての人が，購入でき，信頼でき，持続可能な，最新のエネルギーへのアクセスを確保する（Ensure access to affordable, reliable, sustainable and modern energy for all）」ことが述べられており，環境保全面なども視野に入れた中長期的な検討が必要である．対象とするエネルギーは，技術開発の進捗度合いで変化するものであるので，再生可能エネルギー，核エネルギー，あるいは化石エネルギーと簡単に決めることはできない．再生可能エネルギーは，エネルギー生成時は環境負荷は少ないが，建設時に莫大な自然を消費する可能性がある．核エネルギーは，少量で莫大なエネルギーを生成するが，放射線および放射性物質の発生があり，環境負荷が大きい．化石エネルギーは，燃焼によって地球温暖化原因物質（二酸化炭素）を大量に発生するが，二酸化炭素の回収・貯蔵（Carbon dioxide Capture and Storage：CCS）技術などの向上で新たな炭素化合物の利用が期待される．導入エネルギーの割合を調整し，今後の動向を注視する必要がある．エネルギー政策面からも持続可能性が求められており，経済面から見た一過性の対策ではなく，環境面なども視野に入れた中長期的な検討が望まれる．CSRとして自然エネルギーなど再生可能エネルギーを導入することは，環境教育・啓発としては効果があると思われるが，主要エネルギーの選択には広い視点での検討が不可欠である．

「持続可能な開発」を達成するためには，環境負荷を増やすことなく経済成長することが不可欠である．人類が，商品の生産や消費する方法を変えることによってエコロジカル・フットプリントを削減することができる．これにより採掘される資源およびそれに伴う副産物が減少し，リサイクルが進むことによってさらに効率的になる．産業界では，すでに生産におけるサプライチェーンの環境活動の現状について再点検が始まっている．目標12がこれに相当し，「持続可能な消費と生産のパターンを確保する（Ensure sustainable consumption and production patterns）」となっている．しかし，米国で2015年9月に判明したフォルクスワーゲンの排気ガス規制に対する違法行為は，世界的企業であるにもかかわらず，環境に対する社会的責任が欠如していたことが会社経営の危機にまで発展している．経営の根本的な理念として，コンセンサスをもって環

境保護を浸透させなければならないだろう。

　生物多様性の保護に関しては，海洋，陸上において変化が大きく，レッドデータ（Red Data）[14]の対象となる生物は増加傾向である。SDGsではこの環境破壊防止に関して，目標14で「海洋と海洋資源を持続可能な開発に向けて保全し，持続可能な形で利用する（Conserve and sustainably use the oceans, seas and marine resources for sustainable development）」，目標15で「陸上生態系の保護，回復および持続可能な利用の推進，森林の持続可能な管理，砂漠化への対処，土地劣化の阻止および逆転，ならびに生物多様性損失の阻止を図る（Protect, restore and promote sustainable use of terrestrial ecosystems, sustainably manage forests, combat desertification, and halt and reverse land degradation and halt biodiversity loss）」と提案している。

③　社会システム整備

　今後，SDGsによって人類の新たな秩序が国際的に整備されていくと考えられる。SDGsを達成するには，自然科学的な知見の積み重ねと，その事実に基づいた社会科学的な検討が必要となる。自然科学的知見の信頼性がどの程度まで確保できれば，法，経済など分野で検討を進めるのが妥当かについて見極めるのは極めて難しい。裁判においても，科学技術の発展で証拠の幅が拡大していることは現実であるが，新たな科学的証明に関しては蓋然性のレベルを議論しなければならない。地球温暖化に関しても疑問を持っている科学者はまだ多く存在している。科学で絶対（100％）を求めること自体，不可能に近い。どの時点で社会システムを整備するか判断するのかはあいまいであり，国際的コンセンサスを得るとなるとさらに不確かとなる。少なくとも，自然には未知の部分がたくさんあることを理解し，慎重に対処していかなければならない。人は自然と対等に存在しているわけではなく，自然の中に存在しており，自然環境を容易に維持・管理および操作することは不可能であることは確かである。

　環境保護のために開催された主要な国際会議を時系列で示すと，**表2-3**のようになる。かけがいのない地球で，人類が生存していくには「持続可能な開発」をどのように進めていくかが最も重要な課題といえる。これには，世の中

表2-3 国際的な環境会議年表

開催年月	会議名称	備考
1972年6月	国連人間環境会議 United Nations Conference on the Human Environment (スウェーデン・ストックホルム)	スローガン： 　かけがいのない地球 　宇宙船地球号 　＊「人間環境宣言」
1982年5月	ナイロビ会議 Nairobi Conference (ケニア・ナイロビ)	環境，開発，人口，資源の相互関係の重視 　＊「ナイロビ宣言」
1992年6月	国連環境と開発に関する会議 United Nations Conference on Environment and Development (ブラジル・リオデジャネイロ) ：リオの会議	テーマ：持続可能な開発 気候変動に関する国際連合枠組み条約 署名 生物の多様性に関する条約 署名 　＊「環境と開発に関するリオ宣言」
2002年8月〜9月	持続可能な開発に関する世界首脳会議 World Summit on Sustainable Development (南アフリカ・ヨハネスブルク) ：リオ+10	持続可能な開発のための教育（日本提案） 　＊「持続可能な開発に関するヨハネスブルグ宣言」
2012年6月	国連持続可能な開発会議 United Nations Conference on Sustainable Development ：リオ+20	経済，社会，環境側面で検討 　グリーン経済 　法的枠組み
2015年9月	第70回国際連合総会で採択	持続可能な開発のための目標 Sustainable Development Goals

に存在する人工的な「もの」,「サービス」のほとんどを提供する企業の環境活動が最も重要であることは明らかである。

多くの消費者は，生活の維持，向上が最も優先される判断基準であることは当然であり，地球環境保護に係わる（経済的）負担を要求しても容易には理解は得られない。しかし，有害物質による急性的な環境リスク（短時間で被害が発生する場合）に関しては敏感に反応する。時にはリスクをあおる人たちによって風評被害まで引き起こしている。また，慢性的被害（長期間を要して被害が発生する場合）に関しては，実感することが少なく，原因が何かわからなくなるため，あまり興味をもたないことが多い。地球温暖化による気候変動は，この傾向が強い。何も起こらないと学者らしき人が言っても，長期間を要しての変化であるため，複雑な科学的解析の結果得られた予測を示しても水掛け論

のようになってしまう。

　人工物，サービスに持続可能性がなくても，一般公衆はすぐに困ることはない。ゆっくりと少しずつ被害が顕在化してくる。場合によっては，サブプライムローンで返済能力がない者への貸し付けで作った債権，すなわち突然架空の財産権が明らかとなるようなこともある。ドミノ倒しのように金融破綻が発生し，リーマンショックから国際的な金融危機のようなことも起きる。原子力発電所事故のように安全性のみを妙に強調したにもかかわらず，本来存在していたハザードが自然の猛烈さによって予想もしていなかった被害を発生してしまうこともある。被害の対象は次々と拡大している。

　地球温暖化による気候変動もドミノ倒しのように，地球の環境を変化させている。ただ，非常にゆっくりとしたペースで進んでいるだけである。長期間を要する環境破壊に対処する企業の環境活動は，なかなか注目されることはなく，経営管理面で投資家からよい評価を得ることはあまりないが，地道にわずかずつでも行っていくことが重要である。時間の経過とともに企業間格差は広がっている。

≪より深く学ぶために≫

＊1　ローマクラブ
　ローマクラブは，人類の未来の課題として，爆発的な人口増加，天然資源の枯渇，環境汚染，軍事技術の大規模な破壊力の脅威を挙げ，その回避の道を探索することを目的として設立された組織である。メンバーは，世界各国の科学者，経済学者，教育者，経営者などで構成されており，政府の公職にある人は含まれていない。
　1968年にローマで初回会合を開催したことから，ローマクラブという名称となった。1970年3月には，スイス法人となったが，本部はイタリアに置いている。ローマクラブでは，「われわれが住んでいるこの世界のシステムの限界と，これが人口と人間活動に対して課する制約について見通しを得ること」と「世界システムの長期的動向に影響を与える支配的な諸要因と，それらの間の相互作用を見出すこと」について，マサチューセッツ工科大学（Massachusetts Institute of Technology）に委託研究を依頼し，その結果として1972年に『成長の限界』が出版された。この報告書の中では，重要問題として「人は幾何学級数的に増加するが，

食料は算術級数的にしか増加しない」と示されており，当時，世界で環境破壊の最も大きな要因とされていた人口増加とそれに伴う食糧不足が取り上げられている。

　この問題を解決するために，エコロジカル・フットプリント（第1章参照）の考え方が提案された。米国のロックフェラー財団が多くの途上国で1941年から推し進めた「緑の革命（農業の工業化［有機農業から化学肥料，農薬，機械化に転換することで効率的な生産が図られ，農作物が増産が可能となる］）」がより一層促進された。その後，農務大臣アール・バッツ（Earl Lauer Butz），米国フォード（Gerald Rudolph Ford）大統領が計画した米国の国際的な農業戦略が1974年9月（国連総会のフォード大統領の演説）から始まり，OPEC（Organization of Petroleum Exporting Countries：石油輸出国機構）の石油戦略と対立することとなる。

＊2　国連人間環境会議

　この会議でスローガンとして使われた「かけがいのない地球」("Only One Earth")という言葉は，世界的に広がった。また，我々の住む有限な地球を宇宙船にたとえた「宇宙船地球号」（この言葉は，そもそもはバックミンスター・フラーが提唱したものである）という標語は，環境啓発の意味を持って現在でも使われている。

　会議では，開発が環境破壊を引き起こすことを懸念する先進国と，未開発や貧困などが最も重要な人間環境の問題であるとする開発途上国とが対立した。開発途上国の主張への具体的な配慮については，人間環境宣言（Declaration of the United Nations Conference on the Human Environment）文中で，「開発途上国は，開発の優先順位と環境の保全，改善の必要性において，その努力を開発に向けなければならない。同じ目的のために先進工業国は，自らと開発途上国との間の格差を縮めるよう務めなければならない」とされ，「先進国は，開発途上国との間の格差を縮めるよう努めなければならない」ことが示された。

　開発に対する環境問題として議論になった項目としては，「共通の信念を表明された原則」で，①天然資源の保護，②野生生物の保護，③有害物質の排出規制，④海洋汚染の防止などが取り上げられた。しかし，これら項目についても悪化の一歩であることがその後，報告されている。また，本国連人間環境会議の勧告に従って，1972年の国連総会決議で，国連の環境保全活動の中心的役割を持つこととなる国連環境計画（United Nations Environment Programme：UNEP）が創設されている。国連環境計画の本部は，ケニアのナイロビにおかれ，環境保護に関するさまざまな検討の事務局として活動しており，その後，国際条約の制定に大

きな貢献を果たしている。

＊3　IUCN

　本部は，スイスのグラン市にあり，1948年にスイス民法に基づいて設立された社団法人である。自然および天然資源の保全に関わる国家，政府機関，国内および国際的非政府機関の連合体で，ワシントン条約（Convention on International Trade in Endangered Species of Wild Fauna and Flora：絶滅のおそれのある野生動植物の種の国際取引に関する条約，略称：CITES［サイテス］）における締約国の意思決定に資する科学的な情報提供を行っている。また，ラムサール条約（The Convention on Wetlands of International Importance especially as Waterfowl Habitat：特に水鳥の生息地として国際的に重要な湿地に関する条約）では，事務局を行っている。1978年に日本の環境庁（現　環境省）が日本の政府機関として初めて加盟している。

　毎年世界における「絶滅の恐れのある生物リスト（通称：レッドリスト）」を作成している。この調査は国際的な行政の環境保護活動となり，各国各地域におけるレッドデータが作られている。また，国連教育科学文化機関（United Nations Educational, Scientific and Cultural Organization：UNESCO）が運営する「世界の文化遺産および自然遺産の保護に関する条約」で登録している世界自然遺産の候補地は，IUCNが現地調査を踏まえて登録の可否を勧告している。

＊4　汚染者負担の原則

　1972年にOECD（Organization for Economic Cooperation and Development）環境委員会で環境政策の指針原則として「環境汚染・環境破壊を防止する費用，修復費用」は，原因者がこれを支払うべきであることを定めた「汚染者負担の原則（Polluter Pays Principle：PPP）」が採択されている。この背景には，環境対策費を使わないで製造された製品は安価となり，貿易の不均衡が発生することを懸念したことがある。このきっかけは，米国第37代大統領ニクソン（Richard Milhous Nixon）が，日本は公害を発生させながら製造した工業製品を輸出しているとし，「エコダンピング」といって批判したことによる。この原則を受けて，先進国を中心に環境汚染防止設備が各種工場に設置され，わが国では工場などから排出される汚染物質を測定するモニタリング規制が進められた。

＊5　CDM

　「気候変動に関する国際連合枠組み条約」第3回締約国会議（京都会議と呼ばれ

る）で，「京都議定書」作成の議論の際に，先進国から途上国への支援の新たな仕組みとして「環境と開発に関するリオ宣言」第7原則の「先進国は開発途上国とは差異ある責任がある」との考えに従いCDM（Clean Development Mechanism）が提案・採択されている。この方法は，地球温暖化防止のための途上国への資金，技術支援である。当初，京都議定書では，温室効果ガスの削減のための経済的誘導策として「排出権取引」（Emissions Trading：ET，ある国が排出削減目標を超えて達成した場合，その排出量を他の国に有償で譲渡すること）と共同実施（Joint Implementation：JI，ある締約国が他の締約国で排出量削減事業を実施し，排出量を減らした場合，その削減量の一部を自国の削減量に繰り入れできること）のみを導入する予定であったが，途上国に配慮した結果といえる。CDMとは，締約国が，開発途上国で排出量削減事業を実施し，その削減量を自国の削減量に繰り入れることとなっている。中国では，すばやく国内法を整備し，政府主導でCDM受け入れ体制を作り上げている。

　なお，この経済的誘導策は，京都メカニズムといわれ，森林などによる二酸化炭素の吸収（森林シンク）も削減目標に算入することが認められた。その結果，京都メカニズムによる附属書Ⅰ国（京都議定書における削減対象国）の総排出枠の算出は，「割当量単位（Assigned Amount Unit：AAU）＋国内吸収量（Removal Unit：RMU，除去単位（吸収源活動に基づくクレジット［credit］））＋共同実施およびCDMで発行されたクレジットの取得分±国際排出量取引による京都ユニットの取得・移転分」との方法がとられることとなった。その後，国際的には（地層への）炭素隔離・貯留（CCS）の研究開発および実用化が進められている。ただし，二酸化炭素が地下深くで炭酸カルシウムなど固体に変化（高い圧力の元で化学反応）するには，400年以上必要とされており，その長期の管理維持も重要である。

*6　遺伝資源へのアクセスと利益配分

　「生物の多様性に関する条約」第1条（目的）には，「この条約は，生物の多様性の保全，その構成要素の持続可能な利用及び遺伝資源の利用から生ずる利益の公正かつ衡平な配分をこの条約の関係規定に従って実現することを目的とする。この目的は，特に，遺伝資源の取得の適当な機会の提供及び関連のある技術の適当な移転（これらの提供及び移転は，当該遺伝資源及び当該関連のある技術についてのすべての権利を考慮して行う）並びに適当な資金供与の方法により達成する」と示されており，遺伝子資源の利益の公正かつ衡平な配分も明確に目的としている。

　また，第15条（遺伝資源の取得の機会）には，「各国は，自国の天然資源に対し

て主権的権利を有するものと認められ，遺伝資源の取得の機会につき定める権限は，当該遺伝資源が存する国の政府に属し，その国の国内法令に従う」，「締約国は，他の締約国が遺伝資源を環境上適正に利用するために取得することを容易にするような条件を整えるよう努力し，また，この条約の目的に反するような制限を課さないよう努力する」，「遺伝資源の取得の機会が与えられるためには，当該遺伝資源の提供国である締約国が別段の決定を行う場合を除くほか，事前の情報に基づく当該締約国の同意を必要とする」，「締約国は，遺伝資源の研究及び開発の成果並びに商業的利用その他の利用から生ずる利益を当該遺伝資源の提供国である締約国と公正かつ衡平に配分するため」，「適宜，立法上，行政上又は政策上の措置をとる」と，各国政府によって遺伝子資源の利益の公正かつ衡平な配分に配慮することを求めている。(「生物の多様性に関する条約」条文は，外務省HP［アドレス：http://www.mofa.go.jp/mofaj/gaiko/kankyo/jyoyaku/bio.html］より引用）

*7 持続可能な開発および貧困根絶の文脈におけるグリーン経済

「持続可能な開発」に関する国際連合の検討には，国際的な経済界も協力している。「国連環境と開発に関する会議」開催前には，当該会議の事務局長モーリス・ストロング氏から産業界への要請に基づいてBCSD（Business Council for Sustainable Development：持続可能な開発のための産業界会議）が1990年に設立されている。そして，「国連環境と開発に関する会議（1992年）」に向けて，「持続可能な開発のための経済人会議宣言」を発表している。宣言の中では，「開かれた競争市場は，国内的にも国際的にも，技術革新と効率向上を促し，すべての人々に生活条件を向上させる機会を与える。そのような市場は正しいシグナルを示すものでなければならない。すなわち，製品及びサービスの生産，使用，リサイクル，廃棄に伴う環境費用が把握され，それが価格に反映されるような市場である。これがすべての基本となる。これは，市場の歪みを是正して革新と継続的改善を促すように策定された経済的手段，行動の方向を定める直接規制，そして民間の自主規制の三者を組み合わせることによって，最もよく実現できる」（引用：ステファン・シュミットハイニー，持続可能な開発のための産業界会議『チェンジング・コース』（ダイヤモンド社，1992年）6〜7頁）と産業界からのメッセージを述べている。

BCSDが1995年に世界産業環境協議会（World Industry Council for the Environmant：WICE）と合併し，WBCSD（The World Business Council for Sustainable Development：持続可能な発展のための世界経済人会議）となっている。WBCSDには，33カ国の主要な20の産業分野から120名以上のメンバーが集まっており，経

済界と政府関係者との間で密接な協力関係を築いている。

BCSDでは環境効率の概念式を「製品またはサービスの価値（量）／環境負荷［環境影響］（量）」で示しており，多くの企業でこの式を応用した形で商品の環境効率性を算出している。WBCSDは，「国連持続可能な開発会議」におけるSDGsに関する提案作成・運営などにおいて大きく支援・貢献しており，「持続可能な開発及び貧困根絶の文脈におけるグリーン経済」の進展に強い影響を与えている。また，環境効率の算出には，商品のLCA情報の整備が必要であり，基礎的な情報が得られることで新たなエコデザイン（環境設計）が可能になる。

＊8　幸福度

ブータン国のティンレイ首相が，2008年9月に開催された国連総会の演説で「国民総幸福量（Gross National Happiness：GNH）」という考えを世界に紹介している。ブータン国では，1972年に国王ジグミ・シンゲ・ワンチュクによって国民総幸福量の概念が提唱されており，伝統的な社会・文化や民意，環境にも配慮した「国民の幸福」の実現を目指している。国際的に国の豊かさの尺度としているGDP（Gross Domestic Product：国内総生産）に代わる成長の指標としての期待される。

OECDでも，2011年より「幸福度」の指標として「より良い暮らし指標（Better Life Index：BLI）」を発表している。「より良い暮らし指標」は，暮らしに関する，住宅，収入，雇用，共同体，教育，環境，ガバナンス，医療，生活の満足度，安全，ワークライフバランス（仕事と生活の調和）の11分野について，36カ国間（OECD加盟34カ国）について比較を検討している。検討結果に基づき，オンライン上で利用者が自分の生活の満足度を測り比較することができる双方向の指標となっている。

＊9　環境権

日本では，1970年3月に開かれた「公害問題国際シンポジウム」世界13カ国から社会科学者（44名）が集まり，「環境宣言」が発表された。この宣言の中で「環境権」が提唱され，以下のような基本的人権の一種として法体系での位置づけが示された。

「人たるもの誰もが，健康や福祉を侵す要因にわざわいされない環境を享受する権利と，将来の世代へ現代が残すべき遺産であるところの自然美を含めた自然的資源にあずかる権利とを基本的人権の一種としてもつ原則を法体系内に確立するよう，われわれが要請するところである。」

環境権を最初に提唱したのは，1969年に米国のミシガン大学（ロー・スクール）

のサックス（Joseph L.Sax）教授であるとされている。当時米国では，海洋汚濁事件など環境対策が連邦で活発に議論されていた時期で，同年に国家環境政策法（National Environmental Policy Act：NEPA）も制定され，環境アセスメント（計画アセスメント）が法律に基づいて定められている。サックス教授は，環境権（environmental right）を「原因者に対して予防訴訟を提起できる法的根拠としての位置づけを与えるべきである」としている。

「東京宣言」の後，1970年9月に新潟県で開催された「日本弁護士連合会第13回人権擁護大会」で，大阪弁護士会（2名の弁護士）が，「何人も憲法25条に基づいて，良い環境を享受し，環境を汚すものを排除できる基本的な権利」として，環境権を提唱した。また，この主張の中には「強大な企業から社会的弱者である公害の被害者を守るための権利である点で社会的基本権である」とも述べられている。

1970年7月には，内閣総理大臣（佐藤栄作）を本部長とする公害対策本部（厚生省など各省庁から24名が参加）が設けられ，関係閣僚からなる公害対策閣僚会議が設置された。同年11月に開催された公害国会（第64回国会：臨時国会）では，産業界などからの大きな反発を抑えて，公害対策基本法の条文から「福祉なくして成長なしという理念」に基づいて「経済の発展との調和（経済調和条項）」の規定が除かれている。また，公害関係法令の抜本的な整備を目的として次に示す公害関係14法の案が提出され，すべて可決・成立した。その後，1971年に環境庁（現環境省）が作られた。

① 人の健康に関する公害犯罪の処罰に関する法
② 公害防止事業費事業者負担法
③ 海洋汚染防止法（後の海洋汚染及び海上災害の防止に関する法律）
④ 水質汚濁防止法（公共用水域の水質の保全に関する法律，工場排水等の規制に関する法律が廃止され，新規法律として成立）
⑤ 農用地の土壌の汚染防止等に関する法律
⑥ 廃棄物の処理及び清掃に関する法律（清掃法が廃止され新規法律として成立）
⑦ 公害対策基本法（改正法）
⑧ 下水道法（改正法）
⑨ 自然公園法（改正法，国立公園法が1957年に改正した際に制定され，自然環境保全法と関連する部分が多い）
⑩ 騒音規制法（改正法）
⑪ 大気汚染防止法（改正法）
⑫ 道路交通法（改正法）

⑬　毒物及び劇物取締法（改正法）
⑭　農薬取締法（改正法）

＊10　環境基本法における事業者の環境活動規定
　環境基本法では，直接「環境権」を認めていないが，第3条，第8条で企業の環境活動に密接に関係していることを定めている。
　＜環境基本法第3条：環境の恵沢の享受と継承等＞
　環境の保全は，環境を健全で恵み豊かなものとして維持することが人間の健康で文化的な生活に欠くことのできないものであること及び生態系が微妙な均衡を保つことによって成り立っており人類の存続の基盤である限りある環境が，人間の活動による環境への負荷によって損なわれるおそれが生じてきていることにかんがみ，現在及び将来の世代の人間が健全で恵み豊かな環境の恵沢を享受するとともに人類の存続の基盤である環境が将来にわたって維持されるように適切に行われなければならない。（持続可能性）
　＜環境基本法第8条：事業者の責務＞
　事業者は，基本理念にのっとり，その事業活動を行うに当たっては，これに伴って生ずるばい煙，汚水，廃棄物等の処理その他の公害を防止し，又は自然環境を適正に保全するために必要な措置を講ずる責務を有する。

＊11　ミレニアム開発目標
　2000年9月に米国・ニューヨークで国連ミレニアムサミットが開催され，147の国家首脳を含む189の加盟国代表が集まり，「ミレニアム宣言（United Nations Millennium Declaration）」が採択されている。宣言は次の8つの項目について述べられている。

①　価値と原則
②　平和，安全および軍縮
③　開発および貧困撲滅
④　共有の環境の保護
⑤　人権，民主主義および良い統治
⑥　弱者の保護
⑦　アフリカの特別なニーズへの対応
⑧　国連の強化

　「ミレニアム宣言」に基づいて，「国連環境と開発に関する会議」など，1990年代に開催された主要な国際会議やサミットで採択された国際開発目標を統合して，ミレニアム開発目標（Millennium Development Goals：MDGs）が定められた。

ミレニアム開発目標では，2015年を達成期限とする次の8つの目標が掲げられ，これに基づき具体的な21のターゲットと60の指標が設定されている（引用：外務省HP，http://www.mofa.go.jp/（2016年3月）より作成）。

目標1：極度の貧困と飢餓の撲滅
・1日1.25ドル未満で生活する人口の割合を半減させる。
・飢餓に苦しむ人口の割合を半減させる。
・女性，若者を含むすべての人々に，完全かつ生産的な雇用，そしてディーセント・ワーク（働きがいのある人間らしい仕事）の提供を実現する。
目標2：初等教育の完全普及の達成
・すべての子どもが男女の区別なく初等教育の全課程を修了できるようにする。
目標3：ジェンダー平等推進と女性の地位向上
・すべての教育レベルにおける男女格差を解消する。
目標4：乳幼児死亡率の削減
・5歳未満児の死亡率を3分の1に削減する。
目標5：妊産婦の健康の改善
・妊産婦の死亡率を4分の1に削減する。
目標6：HIV※／エイズ，マラリア，その他疾病の蔓延防止
・HIV／エイズの蔓延を阻止し，その後減少させる。
　※HIV：Human Immunodeficiency Virus
　　（ヒト免疫不全ウイルス／エイズウイルス）
目標7：環境の持続可能性確保
・安全な飲料水と衛生施設を利用できない人口の割合を半減させる。
目標8：開発のためのグローバルなパートナーシップの推進
・民間部門と協力し，情報・通信分野の新技術による利益が得られるようにする。

＊12　2012年世界における環境関連の現状と課題

「国連持続可能な開発会議（2012年）」では，ミレニアム開発目標達成が困難であることが確認された。その結果包括的な目標として「貧困の根絶に全力を挙げながら，より環境負荷が少ない経済への移行を図る」ことが述べられている。採択文書には，乱獲や海洋生態系の破壊，気候変動の悪影響から海を守ることが示され，都市機能の向上，再生可能エネルギー源の利用拡大，森林管理の推進などが課題として示されている（国際連合広報センター『リオ＋20　国連持続可能な開発会議：私たちが望む未来（The Future We Want）』［2012年］5頁）。環境に関する問題と具体的な対処の必要性について次が挙げられている。

① 世界人口は現在の70億人から，2050年には90億人にまで増加する。
② 現在，人口の5人に1人にあたる14億人が，1日1ドル25セント以下で生活している。

③ 電気を利用できない人々は全世界で15億人，トイレがない人々は25億人存在する。そして，およそ10億の人々が日々，飢えに苦しんでいる。
④ 温室効果ガスの排出量は増え続けており，気候変動に歯止めがかからなければ，これまで確認されている生物種全体のうち，3分の1以上が絶滅するおそれがある。
⑤ 私たちの子どもや孫たちに人間らしい生活が営める世界を残すためには，貧困のまん延と環境破壊という課題に今すぐ取り組む必要がある。
⑥ こうした緊急課題に今すぐ本格的に取り組まなければ，貧困や不安の増大，地球環境の劣化など，将来においてさらに大きな代償を払わなければならないだろう。
⑦ UNCSDは，グローバルに考える機会を提供する。そうすることで，私たち皆が共通の未来を確かなものにするために，ローカルなレベルで活動できるようになる。

＊13　水循環基本計画

　水循環基本法（2014年4月制定，2016年4月施行）は，わが国の水質保全および水資源確保などが図られており，前文で近年の問題に関して「近年，都市部への人口の集中，産業構造の変化，地球温暖化に伴う気候変動等の様々な要因が水循環に変化を生じさせ，それに伴い，渇水，洪水，水質汚濁，生態系への影響等様々な問題が顕著となってきている。このような現状に鑑み，水が人類共通の財産であることを再認識し，水が健全に循環し，そのもたらす恵沢を将来にわたり享受できるよう，健全な水循環を維持し，又は回復するための施策を包括的に推進していくことが不可欠である」と指摘している。

　また，法の目的（第1条）として「水循環に関する施策について，基本理念を定め，国，地方公共団体，事業者及び国民の責務を明らかにし，並びに水循環に関する基本的な計画の策定その他水循環に関する施策の基本となる事項を定めるとともに，水循環政策本部を設置することにより，水循環に関する施策を総合的かつ一体的に推進し，もって健全な水循環を維持し，又は回復させ，我が国の経済社会の健全な発展及び国民生活の安定向上に寄与すること」と定めており，人の生活，経済社会における安定した水循環という自然システムに関する環境保全も環境法の対象となってきたといえる。「水循環」の定義も「水が，蒸発，降下，流下又は浸透により，海域等に至る過程で，地表水又は地下水として河川の流域を中心に循環すること」としており，地球規模での自然現象も規制の範囲に入っている。

　この法律に基づき示された「水循環基本計画」の基本的方針には次が示されている。内閣官房水循環政策本部事務局（https://www.kantei.go.jp/jp/singi/mizu_junkan/pdf/gaiyou.pdf［2016年3月］より）。

　① 流域における総合的かつ一体的な管理

② 健全な水循環の維持又は回復のための取組の積極的な推進
③ 水の適正な利用及び水の恵沢の享受の確保
④ 水の利用における健全な水循環の維持
⑤ 国際的協調の下での水循環に関する取組の推進

＊14　レッドデータ

　レッドデータとは，絶滅のおそれがある動植物情報のことを意味し，国際自然保護連合（International Union for the Conservation of Nature and natural resource：IUCN）が1966年からレッドデータをリスト化した「レッドデータブック（Red Data Book，正式には，"The IUCN Red List of Threatened Species"）」を発表している。1940年代から動物についての個体数減少が調査され始めている。現在，地球上の生物種は，数千万の種類が存在すると考えられているが，動物，植物のカテゴリーに分類され，そのリスクに応じた絶滅危惧種が発表されている。わが国では，環境省をはじめ複数の地方公共団体で，各地域の絶滅に瀕した生物種を調査し，各地域のレッドデータブックが発表されている。

　生物種の保護の国際的な取り組みとしては，「生物の多様性に関する条約」が1993年12月に発効している。本条約にはわが国も批准しており，国内法として1992年に「絶滅のおそれのある野生動植物の種の保存に関する法律」（通称，「種の保存法」と呼ばれる）が制定され，1993年に施行されている。これと同時に「特殊鳥類の譲渡等の規制に関する法律」および「絶滅のおそれのある野生動植物の譲渡の規制等に関する法律」が廃止されている。

　レッドデータに関連する環境保護に関する条約には，1975年に発効している「特に水鳥の生息地として国際的に重要な湿地に関する条約：通称「ラムサール条約」（Ramsar Convention）」（湿地の保全を規制）や「絶滅のおそれのある野生動植物の種の国際取引に関する条約：通称「ワシントン条約」（Washington Convention），略称　CITES（サイテス）」（野生動植物の国際的な取引を規制）がある。この他，外国から国内に持ち込まれたペットなどが国内の在来種を駆逐または生態系を破壊することを防止するために国内法として「特定外来生物による生態系等に係る被害の防止に関する法律」（通称「外来生物法」）が2005年6月から施行されている。

2-2 CSRの視点

(1) 環境保全の社会科学的議論

① グリーン・コンシューマー

1980年頃から英国，ドイツでグリーン・コンシューマー（Green Consumer）運動が展開され，グリーン・コンシューマリズム（green consumerism）という言葉が次第に世界へ広がっていった。この運動は，企業が提供する商品に関して，環境負荷が少ないものを選択したり，環境に配慮した企業の製品を購入しようとするものである。しかし，急性毒性を持った有害物質の対策に関しては，消費者にとってわかりやすいが，慢性毒性汚染，地球環境破壊の原因物質の放出に関しては，要因が非常に複雑であるため，環境負荷の少ない商品を選択しにくい。国内外の環境NGOの中には，有害物質など環境汚染に関する専門家を擁して，会員などへ環境汚染の状況情報や解説を行っているところも多い。わが国では，グリーンコンシューマーに関して環境NGOの全国ネットワーク[*15]も作られている。

また，企業の環境活動を評価するにも，CSRレポートでは容易に企業比較ができず，明確な基準に基づいた（検量値もなく）定量的な評価（定量分析）は困難である。したがって，汚染事故を起こした商品，または汚染に関連すると考えられる商品，あるいは企業を排除する不買運動のほうが理解しやすいといえる。いわゆる企業のネガティブ情報に基づいたネガティブスクリーニング（negative screening）である。SRI（Socially Responsible Investment：社会的責任投資）の始まりとされる事件は，CSRのネガティブスクリーニングが行われている。1920年代から教会が資産運用を行う際に，キリスト教倫理に反するたばこ・アルコール・ギャンブルなどに関連する企業を投資対象から排除したというものである。その後，排除の範囲が広まっていき，1960年頃からベトナム戦争をきっかけに反戦運動が高まり，軍事関連産業の排除へと拡大し，現在に至っている。1970年代頃には，国際的な人権問題となっていた南アフリカ共和

国で実施されていた人種隔離政策であるアパルトヘイト（Apartheid）もネガティブスクリーニングの対象となった。さらに，ステークホルダー（stakeholder：利害関係者）にとってネガティブ情報に基づく投資先の選択は環境情報の評価へと広がっていく。

　一般公衆が環境汚染を身近な問題として捉え始めたのは，1971年の「国連人間環境会議」がきっかけであり，わが国では1960年代から裁判の場で公害被害者と加害者である企業・政府が激しく争い，次第に世論が高まっていった。1980年代には，旧ソ連（現ロシア：立地場所はウクライナ）のチェルノブイリ原子力発電所事故による広域環境汚染[*16]，化学工場事故によるライン川汚染[*17]，ドイツ・ルール工業地域などからの大気汚染による酸性雨など，環境汚染が社会問題化した。このような状況の中，英国では，1988年にジョン・エルキントン（John Elkington）とジュリア・ヘイルズ（Julia Hailes）の共著である『グリーンコンシューマー・ガイド（The Greenconsumer Guide）』が出版され，消費者に環境保全意識が高まっていき，一般公衆における国際的な取り組みとなった。なお，ジョン・エルキントンは，「トリプル・ボトムライン（環境，社会，経済）」の提唱者でもある。1989年の"The Green Capitalists" London:Victor Gollanczでは，環境優良企業への10段階として次を示している（菊谷正人他訳『グリーン・アカウンティング』[白桃書房，1996年] 66頁）。

① 環境方針を作成し公表する。
② 行動計画を作成する。
③ 組織と代表取締役を含めた人員の配置をする。
④ 適切な資源配分を行う。
⑤ 環境科学・技術に投資する。
⑥ 教育と訓練を行う。
⑦ 監視，監査，報告を行う。
⑧ 環境保護事項（Green Agenda）
⑨ 環境のためのプログラムに貢献する。
⑩ さまざまな利害の間に橋渡しをするのを助ける。

　これら項目は，近年の企業の環境戦略では不可欠な項目となっており，⑦は

環境マネジメントとして多くの企業が取り組んでおり，サプライチェーン管理の際の重要な要求事項にもなっている。企業がこの対策を行うことにより，社内またはグループ会社および協力会社の環境管理を促進することができ，商品の環境負荷の低減，環境商品の開発が図られ環境戦略の重要な視点となる。このポジティブ情報をCSRレポートなどで公開することにより，投資家などステークホルダーからのポジティブスクリーニング（positive screening）となる。

② **非財務会計**

英国では，1990年に制定した「環境保護法」に大きく貢献したロンドン大学のデビット・ピアース（David Pearce）著の「ピアースレポート（1989）」（文献名称，David.A.Pearce, A.Markandya & E.B.Barbier "Blueprint for a Green Economy" London Earthscan, 1989. 和田憲昌訳『新しい環境経済学—持続可能な発展の理論』［ダイヤモンド社，1994年］）が作成され，会計的視点を考慮したダンディー大学のロブ・グレイ（Rob H.Gray）著の「グレイレポート（Chart-ered Association of Certified Accountantsの委託研究報告）1990」（文献名称，R.H.Gray,The Greening of Accountancy:The Profession After Pearce,Certified Research Report 17,The Chartered Association of Certified Accountants, 1990., 菊谷正人他訳『グリーン・アカウンティング』［白桃書房，1996年］）が作成されている。

企業の環境活動が，経営面から分析され，環境会計の検討へと進展し，非財務会計から財務会計の対象となったことで企業の客観的経営評価に組み込まれたといえる。環境対策にエンドオブパイプ（排出口［有害物質・環境破壊物質の濃度・総量］）を合理的にするためにビギンオブパイプ（事前：LCAに基づいたコスト［LCC：Life Cycle Costing］算出に基づく対策）の視点も必要になった。ドイツでも1980年代後半から「環境破壊や環境被害の発生を予見し，未然防止の手段」としてエコビランツの導入が進められている。わが国でも，1999年行政によって初めて環境会計のガイドラインが作られた。

その後，1992年の「国連環境と開発に関する会議」で，（地球温暖化による）気候変動，生物多様性の破壊，有害物質の海洋・大気への汚染と環境問題の種類・範囲が拡大したことによって一般公衆の地球環境問題への関心が高まって

いった。環境活動の基本的な考え方として，環境運動家デビッド・ブラウアー（David R. Brower）[*18]が提唱したといわれている「地球規模で考え，地域で行動を［足下から行動を］（Think globally, Act locally）」というスローガンは世界的に広まった。この考え方は，場合によっては，行政などで「地域で考え，地球規模で行動する（Think locally, Act globally.）」という表現でも用いられている。

地球環境問題に関しては，自然科学分野で，発生の状況，時間的変化，またはその発生の有無でさえ未だ議論が続いている。慢性的な（数十年から数百年での変化）影響であるので不確かな部分は数多くある。しかし，社会システムにおける対処を何もしないまま，地球規模の変化が悪化すると，人為的に被害を防止することはほとんど不可能になる。一般的に被害の度合いを示すには経済的数値が理解しやすいが，気候変動や生物多様性喪失に関する国際的な対策実施を拒んでいる米国などは，対策を実施することによる経済的な損失を理由にしているため，どの時点での環境破壊による経済的損失を検討するのか問題となる。

英国政府が経済学者スターン（Nicholas Stern）に委託研究し，その検討結果をまとめた「気候変動に関する経済学（The Economics of Climate Change）：通称「スターン報告」（Stern Review）」（2006年発表）では，地球温暖化による気候変動によって経済が著しく悪化することを分析結果として示しており，早期に大規模な対策を講じるほうが非常に低いコストに抑えられることを述べている。IPCCの報告においても，英国では，気候変動によってテムズ川の水位が高くなる現象によって水害が発生することなどが指摘されている。実際，2013年12月〜2014年2月にイングランドとウェールズは1766年以来の多雨となり洪水被害が発生した。英国政府は，テムズ川の水災害に係る気候変動適応策として，テムズ川流域洪水管理計画（Thames Catchment Flood Management Plan）（2009年発表）およびテムズ湾2100計画（Thames Estuary 2100（TE2100）Plan）（2012年発表）を策定した。政府の具体的な方針が示されれば，実際のプロジェクトは企業が行うこととなる。こうなると非財務会計ではなく，財務会計におけるCSR対応となる。ただし，政府の方針自体が政治的な影響が強い場合は，

国際的な動向なども見据え，企業，または業界独自でも検討しなければ持続可能なビジネスにならない。

図2-3 英国テムズ川（ロンドン）

気候変動によってテムズ川の水位が上昇し，洪水の被害が懸念されている。テムズ川（Kingston地点）のピーク洪水流量が2080年までに40％増大，最悪シナリオとして高潮水位が現況の高潮水位から2.7m増加することが予想されている。1世紀（410年まで）にイングランドを征服していたローマ帝国は，ロンドンの街を標高5m以上の高台に建設しているが，都市として拡大したことによってテムズ川周辺の低湿地が市街化した。

③ **地球環境変化に対応**

気候変動に関して，企業はさまざまな開発が期待され，当該英国テムズ川対策では，高潮堤防，防潮堰施設などの改良，新設などが検討されている。日本では，以前に経済的な面から見直しがされたスーパー堤防などが挙げられる。災害の再来期間（再度同様の災害が発生する期間）が長期間を要する場合，一般公衆にとっては理解しにくいといえる。政府が科学的リスク分析に基づいた政策を実施する必要がある。企業は，政府の明確な計画に基づいた方針を立てることで，本業そのものが長い目で見た重要な環境責任を果たすこととなる。耐震技術など，一般公衆には注目されにくい部分などで，その役割を担っている企業は既に複数ある。

ただし，技術的に把握が難しいことを逆手にとって，コストを減らすためなどの目的で不正を行う事件もあり，企業の社会的責任に対するネガティブな姿

勢が明確に現れる部分でもある。このような企業は，以前にも増して社会から排除されるスピードが速くなっている。いち早く，不正事件の原因分析を行い，再発防止策を実行する必要がある。以前には，1980年代にIBMにおける半導体工場の汚染事件など，事実とその対策結果を社会へ公表したことで信頼を得た事例もある。ネガティブ情報を隠蔽する体質があるような企業は，生き残っていくことはできない。企業責任全般について自社で社会科学的な検討に基づいて対処を行っていかなければならない。

　社会科学的な国際的な動向としては，地球環境変動に対する人間活動の影響と地球環境変動が人間活動に及ぼす影響の研究について，1990年に国際社会科学会議（International Social Science Council；ISSC）の下に人間社会的側面の地球環境研究計画（Human Dimension Programme；以下「HDP」とする。）が設立されている。本計画では，地球温暖化防止京都会議後の森林シンクと土地利用，食糧問題と土地利用，土地被覆研究（Land Use and Cover Change；LUCC）や人口移動，制度，人口と食糧産業転換の研究などが取り組まれている。地球環境問題ついての自然科学分野の研究としては，気候変動に関する国際的研究計画である「世界気候変動計画（World Climate Research Programme；WCRP）」と生物圏および地球圏に関する国際的研究計画である「地球圏－生物圏国際共同研究計画（International Geosphere Biosphere Programme；IGBP）」があり，HDPより先行して研究が進められている。その後，1996年に国際学術連合（International Council of Scientific Unions；ICSU）が新たに支援団体に加わり，名称も「国際人間社会的側面の地球環境研究計画（International Human Dimension Programme；IHDP）」と変更され，活動の活性化が図られている。地球的規模の変化に関する自然科学的な検討は，アカデミックで高度な専門的研究であることから，国際的なネットワークを持った共同研究が必要である。このため，企業や一般公衆は，その科学的な事実と予測を信頼し対応しなければならない。さらに，自然科学的な知見に基づいた社会科学的な公的検討では，法的枠組みなどが整備されていくこととなり，企業経営や一般公衆の生活そのものが強制的，または経済的な誘導で変化しなければならなくなる。

　オーストラリアでは，京都議定書を脱退した後，異常なエルニーニョ現象[19]

によって気候変動による莫大な損害を受け，国家的な問題となった。オーストラリア政府は，ガーナー報告（Garnaut Report［2008年］）を作成・公表し，その後，環境政策を180度変更し，積極的に地球温暖化対策を進めている。脱退していた京都議定書へも新たに参加した。当該被害によって，オーストラリアの小麦生産など農業生産物の国際的な食料供給が少なくなり，各国の食品関連産業へ大きな影響を与えている。日本では，小麦の自給率が当時14％程度しかなかったため，輸入が困難になったことで，麺類，パンなどが高騰した。食品業界では，商品供給のためのさまざまな対応が必要となった。地球環境の変化の拡大は，同様な事態が発生するリスクを高めているため，供給先の多様化，自社農園経営など対処が必要となっている。企業で提供する「もの」や「サービス」を安定して供給することは，最も基本的な社会的責任であるので，持続可能性を失うことなく原料調達を行うことが重要な企業活動であるともいえる。

　わが国では，農林水産省が「水稲，麦，大豆，茶等工芸作物，果樹，野菜，花き，飼料作物，畜産」9品目について，2007年夏季における生産現場における高温障害などによる影響について調査を実施し，その結果を「平成19年夏季高温障害対策レポート」として2008年に公表している。地球温暖化による農作物，水産物への影響はすでに発生しており，植生の北上などの影響に対処する必要が発生している。同年には，「農林水産省地球温暖化対策総合戦略」（平成19年6月21日決定，平成19年11月16日一部見直し，平成20年7月29日一部改定）が報告され，わが国の農林水産業への影響への懸念が示されている。農業，林業，漁業への影響例を以下に示す（当該報告書，25～27頁）。

① 農業：水稲については，高温障害による米の品質低下が問題になった2002年産米以降，省内に「水稲高温対策連絡会議」を2003年4月に設置し検討を進めている。水稲は近年，北海道で豊作が続く一方で，九州を中心とした西日本では不作が続いている。

② 林業：気温上昇などの気象変化による森林への影響については，長期的には，植生の変化や森林における動植物の生態や活動に影響を与えると予想され，また豪雨の頻発，洪水リスクの増加，海面上昇などの影響

などによる大規模な山地災害の発生，地域的な洪水，海岸林の消失などへの懸念が示されている。
③ 水産業：地球温暖化が進行した場合，水産生物の分布や漁期，増養殖対象種の適地などが変化するとともに，植物プランクトンなどの基礎生産を含めた海域の生態系に影響があると予想されており，海面上昇が生じた際，漁港や漁村集落への浸水が懸念されるほか，漁港施設などの安定性や機能性が低下するものと考えられると示されている。

気候変動は，ほぼ，自然科学面でコンセンサスと得ていることであり，影響のスピード，度合いを踏まえて，企業における経営戦略を立てていかなければならない。この検討は，二酸化炭素など地球温暖化原因物質の排出量減少と同時に環境活動としての重要な視点であり，持続可能な経営を実現するには不可欠である。

(2) 企業憲章

① 環境憲章

企業では，従来より法令遵守，社会的倫理の確保を目的としてコンプライアンス活動を展開している。ただし，企業間格差は大きく，その対象とする範囲，活動方法もまちまちである。環境法令および条例を遵守することは義務であるが，社会的倫理面まで含めると対象が極めて広くなり，企業の業態によってもかなり異なってくる。「国連環境と開発に関する会議」（1992年）以前は，「持続可能な開発」という概念が定着しておらず，環境問題は，有害物質を直接取り扱う製造業に関するものといった風評が非常に強く，金融や商社，小売りなどで関心を持っていた企業は少ない。

その後，融資における貸し手責任，SRI（社会的責任投資）などが注目され，環境被害における賠償責任が争われるようになっている。さらに，容器包装，家電，自動車のリサイクルなど，身近な環境問題においても受益者の負担（商品価格へのリサイクルコストの上乗せやリサイクル料金の徴収）が法令によっ

て定められるようになった。また，2011年に発生した福島第一原子力発電所事故では，広範囲にわたる悲惨な汚染が発生し，莫大な損害が生じ，国内のエネルギー供給面にも大きな痛手を与えることになった。さらに，地球温暖化原因物質の排出や生物多様性の破壊には，消費者の消費行動も大きく関与している。環境問題は，時間を追って複雑化し多岐にわたるようになっており，すべての業種の企業，一般公衆が何らかの形で関わるようになっている。したがって，企業のコンプライアンスとしての環境活動の幅も広がっており，世の中の人工物，人工的サービスのほとんどを提供する企業に負わされている責任は大きい。

　企業の環境保護に関する姿勢は，時間の経過とともに前向きになってきており，基本的な形態が現れてきたのは，1991年4月に発表された国際商業会議所(International Chamber of Commerce；ICC)の「持続的発展のための産業界憲章」がきっかけとなっている。この憲章は，1990年11月に第64回国際商業会議所常任理事会で決議され，1991年4月に「環境管理に関する第2回世界産業会議」(WICEM-Ⅱ)で正式に採択されたもので，企業の環境活動に関する初めての国際的ガイドラインとなっている。このガイドラインには，次の項目が示されており，幅広い内容となっている。

表2-4 持続的発展のための産業界憲章の項目（1991年）

①企業における優先的配慮	⑨研究
②統治的管理	⑩予防策
③改善プロセス	⑪請負業者と納入業者
④従業員教育	⑫緊急時のための準備
⑤事前評価	⑬技術移転
⑥製品及びサービス	⑭共同努力への貢献
⑦消費者への助言	⑮懸念に対する開放的姿勢
⑧施設と操業	⑯遵守と報告

　この時期から欧州では，大企業を中心に環境保全に関する活動が企業理念で取り上げられ，一般への企業環境レポートの発行も始まっている。商品に関しては，原料採掘から廃棄までに発生した環境負荷原価を評価する環境原価計算

やLCCの手法が開発され，経営戦略の中に取り入れられている。この検討は，ERP（Enterprise Resource Planning：企業全体の経営資源を総合的に計画および管理し，経営の効率化を有効に図る概念）に取り入れられ，長期的視点からの国際的な戦略となっている。当該憲章と同時に国際商業会議所では，「効果的な環境監査のためのICCガイド」も発表しており，国際標準化機構の環境規格作成へ影響を与えている。

わが国では，社団法人経済団体連合会も1991年4月に「経団連地球環境憲章」を発表しており，国内の複数の企業で自社の企業環境憲章を作成し始めている。この活動は，1992年6月の「国連環境と開発に関する会議」の際も高く評価された。しかし，企業の中には，国外では企業環境憲章を発表しても，日本国内では発表しないといったところもあり，情報公開に過剰に慎重になっている面もあった。

「経団連地球環境憲章」では，基本理念で，「われわれは，環境問題に対して社会の構成員すべてが連携し，地球的規模で持続的発展が可能な社会，企業と地域住民・消費者とが相互信頼のもとに共生する社会，環境保全を図りながら自由で活力ある企業活動が展開される社会の実現を目指す」と，環境リスクに関するコミュニケーションの重要性を謳っている。

その後，1996年7月には「経団連環境アピール―21世紀の環境保全に向けた経済界の自主行動宣言―」を発表し，「経団連地球環境憲章」の内容を具体化している。BCSDが示した「環境効率性」や国際条約で注目されていた「地球温暖化対策」が記載されている。

また，問題に取り組むにあたっては，企業，消費者・市民・NGO，政府のパートナーシップが不可欠であると述べ，産業人1人ひとりも「地球市民」であることを再確認している。

2000年頃以降は，企業環境レポートで，「環境憲章」が一般的に記載されるようになり，環境行動計画作成へと進展している。環境活動計画の遂行には，明確な環境方針に基づく，トップダウンによる行動促進とボトムアップによる問題点の整理と解決が必要であり，環境管理におけるPDCAシステムとリンクすることで合理的な対策が図られる。しかし，方針が理解されない，または十

表2-5 経団連環境アピール―21世紀の環境保全に向けた経済界の
自主行動宣言―主要項目

持続可能な発展」を実現のするための企業の取り組み
① 個人や組織の有り様としての「環境倫理」の再確認
② 技術力の向上等，経済性の改善を通じて環境負荷の低減を図る「エコ・エフィシェンシー（環境効率性）」の実現
③ 「自主的取り組み」の強化
環境対策項目
① 地球温暖化対策
② 循環型経済社会の構築
③ 環境管理システムの構築と環境監査
④ 海外事業展開にあたっての環境配慮

分な検討をしないまま進めると，ガイドラインの項目のみを揃えた形骸化した活動となることが懸念される（会社のイメージアップを中心に取り上げた広告レポートとなっている場合もある）。自社の業務内容と体制を考慮した活動が必要である。

② 慈善活動

CSRを発展的に進めている企業では，環境憲章が発表される以前より「企業の人格」（自立的意思を有する道徳的行為の主体）の確立を目指して，フィランソロピー（Philanthropy：慈善）活動を盛んに進めている。これは，米国で積極的に行われている「社会的貢献活動（地域に利益を還元，ボランティア活動など）」や「慈善的寄付行為」に類似の活動である。具体的には，企業や経営者が美術館，音楽堂，博物館の建設・運営，コンサートの開催など文化活動の支援を行っている。また，社団法人経済団体連合会（現日本経済団体連合会：2002年5月に経済団体連合会［経団連］と日本経営者団体連盟［日経連］が統合して日本経済団体連合会となった：以下「日本経団連」とする）が設立した産業界で経常利益の1％を毎年寄付する「1％クラブ」，社員が福祉施設に寄付する際に会社も同額の寄付をする「マッチング・ギフト制度」，社員の社会貢献活動の参加ための「ボランティア休暇・休職制度」などが，社会の問題解

決や人々の生活向上のための公益活動を目的として実施されている。環境活動としては，小学生などを対象とした自然観察や一般公衆向けの冊子（絵本など）・ビデオ作成・配布などの環境教育が行われている。

このほか，フィランソロピー活動とほぼ同様な概念であるメセナ（Mécénat：文化の擁護［仏語］）活動も展開している。メセナ活動は，企業などのさまざまな文化支援活動のことをいい，美化活動，NPO活動への支援，中国や東南アジアでの植林なども含まれる。

別途，最も重要なステークホルダーである社員に対しても，育児休暇，託児所設置，健康管理・増進など福利厚生が進んできている。しかし，企業間に温度差があり，法令で定められているにもかかわらず育児休暇などが十分に保障されないところもある。

③ 行動憲章

社団法人経済団体連合会では，1989年に海外事業活動連絡協議会（Council for Better Corporate Citizenship：CBCC）を設立し，日系企業が米国の現地会社から「よき企業市民（Good Corporate Citizens）」として受け入れられることを支援している。また，海外に進出した日本企業が工場廃棄物による汚染やエビの養殖池設置のためのマングローブ林伐採，レアメタル採掘における周辺環境への有害物質汚染などの社会的な問題を発生させた例があり，現地で事業を展開するには，海外進出先での適正な廃棄物処理や植林などCSR活動が不可欠となった。

1980年代の日本経済は成長を続けており，株価も1982年10月から上昇基調で，1986年末からは投資が過熱し，株価も急上昇した。海外での不動産，企業買収が相次ぎ，国内の不動産なども高騰し，「もの」と「サービス」があふれる時代となった。しかし，1989年12月に株価が38,915円に上昇後，急激に反落（1992年8月には14,309円）し，いわゆる経済バブル崩壊が発生した。その後は，景気の悪化とともに環境活動も含めCSRへのコストを削減する企業が急増している。莫大な負債を抱えた企業は倒産を余儀なくされるところもあり，多くの無駄な「もの」だけが残る自体が発生している。対して，米国はこの後，IT産業が堅

調に成長し，経済が活性化している。当時途上国でであったBRIICS（ブラジル，ロシア，インド，インドネシア，中国，南アフリカ）諸国も新興工業国となり経済成長が始まろうとしていた。

このような国際状況の中，CSRは国際的に次第に注目されだし，社団法人経済団体連合会では，前述の「経団連地球環境憲章」ののち5カ月後の1991年9月に「企業行動憲章」を制定している。その後，複数の大手企業が倒産し，大手証券会社，大手銀行の破綻が相次いだ1996年の12月に同憲章を改定し，「実行の手引き」も発表している。

表2-6 2000～2002年に発生した主要な企業の不祥事

食品メーカー
2000年：食中毒事件
2002年：牛肉偽装事件
自動車メーカー
2000年：運輸省（現，国土交通省）に報告すべきユーザーからのクレームの大半を，長期間にわたって隠蔽しつづけ，届け出をしないで内密に無償回収・修理（リコール）を実施する「リコール隠し」をつづけていたことが判明（人身事故や物損事故が起きていたことが明らかとなる）
食品メーカー
2002年：牛肉偽装事件（伝票を改竄し，輸入牛肉を国産牛肉といつわって国に買い取らせる［2001年］）
偽装牛肉を無断で焼却処分
電力会社
2002年：原発トラブル隠し
商社
2002年：国後島（くなしりとう）のディーゼル発電施設建設工事をめぐる不正入札（入札予定価格を外務省側から不正に入手して落札：2000年）
2002年：ODA事業受注を目的としてモンゴルの政府高官に現金を渡していた贈賄の疑い

2000年～2002年には，**表2-6**に示すような企業の不祥事が多発し，一般公衆にからのCSRに対する注目が急激に高まり，企業行動憲章が2002年10月再度改定されている。事件を起こした企業もステークホルダーからの厳しい評価が下され，大きく経営が悪化している。その後も**表2-6**に示した事件と同様な事件がしばしば発生しており，「持続可能性」に対して十分に理解していない

企業がまだ多いことが懸念される。法令での規制強化は適宜必要であるが，業界規制などによるソフトローによる管理で再発防止および予防を図る必要がある。本改定憲章でも「企業に対して社内体制整備と運用強化を要請するなど，経営トップのイニシアチブによる自主的な取り組み」を促している。

また，同時期に発生した米国のITバブルの崩壊（経済バブルの崩壊）で国際的な景気の悪化が発生し，心ない企業の不祥事が多発している。このような状況を踏まえ，国際的にCSRへの重要性が再確認されるようになり，2004年5月に再度同憲章の改定が行われた。この改定は，「社会的責任を果たすにあたっては，その情報発信，コミュニケーション手法などを含め，企業の主体性が最大限に発揮される必要があり，自主的かつ多様な取り組みによって進められるべきである。その際，法令遵守が社会的責任の基本であることを再認識する必要がある」との立場から，会員企業の自主的な取り組みを推進することを目的として行われている。

具体的な対応のために表2-7に示す10原則も定められ，国の内外を問わず，人権を尊重し，関係法令，国際ルールおよびその精神を遵守するとともに，社会的良識をもって，持続可能な社会の創造に向けて自主的に行動することが求められている。その後もこの憲章は適宜見直しが行われている。

この原則では，これまでのCSRで問題とされてきたことが集約されているといえる。情報公開に関する項目が多く，ステークホルダーへのリスクコミュニケーションを図ることで信頼性を得ることを期待している。非財務情報全般にいえることであるが，定量評価（数値化し比較）することが困難であるため，個々の企業において進捗状況を把握しにくく，当該方針のもとで試行錯誤していくこと自体が企業のCSRそのものといえよう。

(3) 国際規格

① 環境規格の進展

国際標準化機構（International Organization for Standardization：ISO）では，1996年に環境規格を発表し，世界の企業に大きな影響を与えている。

この規格制定のインセンティブとなったのは，1992年に英国のBSI（British

表2-7　企業行動憲章で示された10原則（2004年）

① 社会的に有用な製品・サービスを安全性や個人情報・顧客情報の保護に十分配慮して開発，提供し，消費者・顧客の満足と信頼を獲得する。
② 公正，透明，自由な競争ならびに適正な取引を行う。また，政治，行政との健全かつ正常な関係を保つ。
③ 株主はもとより，広く社会とのコミュニケーションを行い，企業情報を積極的かつ公正に開示する。
④ 従業員の多様性，人格，個性を尊重するとともに，安全で働きやすい環境を確保し，ゆとりと豊かさを実現する。
⑤ 環境問題への取り組みは人類共通の課題であり，企業の存在と活動に必須の要件であることを認識し，自主的，積極的に行動する。
⑥ 「良き企業市民」として，積極的に社会貢献活動を行う。
⑦ 市民社会の秩序や安全に脅威を与える反社会的勢力および団体とは断固として対決する。
⑧ 国際的な事業活動においては，国際ルールや現地の法律の遵守はもとより，現地の文化や慣習を尊重し，その発展に貢献する経営を行う。
⑨ 経営トップは，本憲章の精神の実現が自らの役割であることを認識し，率先垂範の上，社内に徹底するとともに，グループ企業や取引先に周知させる。また，社内外の声を常時把握し，実効ある社内体制の整備を行うとともに，企業倫理の徹底を図る。
⑩ 本憲章に反するような事態が発生したときには，経営トップ自らが問題解決にあたる姿勢を内外に明らかにし，原因究明，再発防止に努める。また，社会への迅速かつ的確な情報の公開と説明責任を遂行し，権限と責任を明確にした上，自らを含めて厳正な処分を行う。

Standards Institution）が，英国環境管理システム規格7750（British Standards 7750, Institute, Specification for Environmental Management Systems）を制定したことにある。この規格は，1993年にEC（European Commission：欧州委員会）で採択されたEMAS（環境管理・監査要綱：Council Regulation（EEC）No.1836/93 of 29 June 1993 allowing Voluntary Participation by Companies in Industrial Sectors in a Community Eco-Management and Audit Scheme,OJ NoL 168,10.7.93.）規制に取り入れられている。

その後，国際標準化機構および国際電気標準会議（International Electrotechnical Commission：IEC）では，環境保護に関する企業の取り組みを国際的に規格化

することを具体的に検討し始めている。国際標準化機構では，1987年に品質規格であるISO9000シリーズを176技術委員会（Technical Committee No.176）で作成し，「国連環境と開発に関する会議」（1992）のテーマである「持続可能な開発」を目的とした，環境保護に関する追加規格の議論がなされた。しかし，品質管理の中だけで環境規格を検討することには限界があり，環境規格であるISO14000シリーズ作成のための207技術委員会（Technical Committee No.207）が新たに設置されている。最初に，環境マネジメント規格（Environmental Management Systems：EMS）であるISO14001（仕様），ISO14004（原則と一般指針）が1996年9月に発効され，ISO14001について指定認定機関による審査登録（規格認証）が実施されることとなった。

② ISO14000シリーズ

　環境監査規格（および後述のレスポンシブルケア活動）の管理手順は，TQC（Total Quality Control）のデミング14管理原則で取り上げられたシューハート・サイクルを基本としている。当該サイクルは，米国の統計学および物理学者であるウォルター・シューハート（Walter Andrew Shewhart）が考案した品質管理（統計的品質管理）の手法で，PDCAサイクルとも呼ばれる。

　このサイクルは，計画（Plan），実行（Do），点検・評価（Check），改善（Act）の手順で螺旋を描いて品質管理が向上していく手法で，継続的に行われていくことで業務改善を図ることができるというものである。この進捗をスパイラルアップ（spiral up）と表現している。これら行動を円滑に実施するには，企業のトップダウンによることが前提となる。

　なお，デミング14管理原則は，シューハートの共同研究者である物理学者のエドワーズ・デミング（W. Edwards Deming,）が，第二次世界大戦後の経済成長期にわが国へ品質管理手法を紹介したもので，デミング・ホイール（Deming Wheel）またはデミング・サイクル（Deming cycle）ともいわれている（ただしデミング自身は，シューハートサイクルと呼んでいる）。さらに，デミングは，CheckをStudyとして，点検における部分での検討の重要性を主張し，PDSAサイクルも提唱している。

表2-8　ISO14001（環境マネジメントシステム）の項目

① 環境方針（Environmental Policy）
② 計画（Planning）
③ 実施および運用（Implementation and Operation）
④ 点検および是正措置（Checking and Corrective Action）
⑤ 管理者の見直し（Management Review）
　①から⑤の活動を毎年行っていき，常に改善の進捗を図る。

　国際標準化機構における環境規格の対象は適宜拡大しており，エコマークやエネルギースターマークなどからSDS（Safety Data Sheet：化学物質の性質を一覧表にしたもの）など環境ラベルおよび宣言，環境行動・改善の向上を確認する環境パフォーマンス，環境効率を算出する際の環境負荷総量の基本的データとなるLCAなど複数の規格がすでに発行されている。ISO14001の認証対象企業も当初は製造業が主であったが，流通や商社，銀行など金融機関，学校など複数の業種が認証取得を得ている。

　ISO14000シリーズ（環境規格）は，企業の環境活動の重要な手法となっており，ISO14001の認証取得は，企業または行政が協力会社・下請け会社，発注先について環境活動を実施しているか否かを確認する方法となっている。いわゆるグリーン調達[20]を行う際の基準となっている。したがって，環境規格が国際的に認知されたことで企業間，または行政の発注の取引に直接関わり，企業経営の重要な活動となったといえる。なお，確実に環境活動を推進するためのもので，単なるイメージ戦略を狙って行っても主要な目的である継続的な向上はできない。将来計画を十分に検討することが必要である。

③　EMAS

　欧州では，企業の環境管理・監査は，ISO14000シリーズより早く始まったEMAS規制[21]による審査を受けている場合が多い。EMASは，1990年12月に発表されたEC指令案が発端となり，1993年7月にEC規則として採択され1995年から適用されている。EUの企業における環境保全の取り組みについての統一性を図り，企業の環境管理に関する社会的な秩序の形成を目的として普及し

た。規定内容には，環境レビューの実施，公認環境検証人による検証と環境報告書の認証，環境報告書の一般公開などが定められている。特にISO14001規格にはない企業環境パフォーマンス評価も認証審査の対象となっている。欧州ではEMASの認証を受けた企業はISO14001の審査登録を行わないことも多い。EU内では，ISO14001より規定が厳しいEMASの認証が信頼され普及しているためである。

EMASの規定で要求されている「企業の環境パフォーマンスの継続的な改善」の要件は，次の内容となっている。

① サイト（事業所）に関して，会社の環境方針，環境計画，環境管理システムを確立し実施
② 各環境パフォーマンスを体系的，客観的，定期的に評価
③ 一般公衆に対し，環境パフォーマンスに関する情報を提供

また，内部監査の結果を環境声明書にまとめ，外部の公認環境認証人（accredited environmental verifier）が検証し，環境声明書と事業所を公表することも定められている。客観性を高めるために，外部からの点検と公開を高めることで信頼性を高めていると考えられる。ただし，EMASへの参加は，自主的であって強制ではなく，必ずしも全社的な参加でなければならないといったものでもない。

企業にEMASに参加するインセンティブを与えているものとして，ロゴマークの使用の認可が挙げられる。このロゴマークを得た企業は，EUにおいて環境に配慮しているという社会的ステイタスを持つこととなり，企業の環境戦略の一環として考えている。

2001年3月に改正されたEMASの規則（EU 環境管理・監査制度への企業の自発的参加を認める欧州閣僚理事会および欧州委員会（2001年3月19日）の規則（EC）No.761/2001）は，次に示す構成となっている。

付属資料Ⅲ「環境声明」では，「情報の公表」の条件について，EMASのロゴを表示することができる要件として，環境認証人が**表2-10**に示す評価を得

表2-9　EU・EMAS規制の構成

前文

第1条（環境管理・監査制度，目的）
第2条（定義）
第3条（EMASへの参加）
第4条（認証システム）
第5条（管轄機関）
第6条（組織の登録）
第7条（登録組織及び環境認証人のリスト）
第8条（ロゴ）
第9条（欧州規格及び国際規格との関係）
第10条（EUの他の環境法との関係）
第11条（組織，特に中小企業の参加
　　　　　（促進）
第12条（情報）
第13条（侵害）
第14条（委員会）
第15条（改正）
第16条（コスト及び料金）
第17条（規則EEC No.1836/93の廃止）
第18条（発効）

付属資料 I
　A．環境管理システムの要件
　B．EMASを実施する組織により提言された問題
付属資料 II　　内部環境監査に関する要件
付属資料 III　　環境声明
付属資料 IV　　ロゴ
付属資料 V　　環境認証人の認定，監督，及び機能
付属資料 VI　　環境側面
付属資料 VII　　環境レビュー
付属資料 VIII　　登録情報

表2-10　EMASロゴ表示の条件

① 正確で偽りがない。
② 実体化されていて，検証が可能である。
③ 関連があり，適切な文脈内で，又は状況で使用されている。
④ 組織の環境パフォーマンス全般を代表している。
⑤ 誤解をまねくおそれがない。
⑥ 環境への影響全般に関連していて重要な意味を持っている。また，引き出された組織の最新の環境声明に言及している。

た場合に限られると示している。

情報の公表に関する正確性を保持するために，環境認証人の評価は非常に重要である。特にパフォーマンスに関する審査は，環境保護に関する専門性（汚染の科学的システム，法令，ガイドラインなどの規制など）が必要である。また，CSRレポートは，さまざまな視点でポジティブ情報を公開していることから，一般公衆に錯誤の発生を防止することは困難である。ネガティブ情報に関しては，企業のCSRに関する重要な経営姿勢になるため，検証する際には特に確認が必要である。

ISO14000シリーズは，国際的なNGOである国際標準化機構が作成した環境規格であり，法的拘束力はない。対して，EMAS規制は，EU内の法的拘束がある面が異なっている。このため，国際標準化機構の規格は，世界共通で規制される民間レベルでの秩序であり，個々の国の法律に加えて全事業所における企業間取引では注意しなければならないともいえる。ただし，わが国の場合，NGOであっても，社団法人，財団法人などは，行政が所管する場合が多く，省庁，公共事業体が管理・管轄している。このため，所管する行政の立場の影響を受ける場合が多い。複数の中央省庁で環境保護に関した施策を行っており，地球温暖化対策，資源循環推進，有害物質管理など統一性に欠ける場合が少なくない。近年では，国際的な環境NGOからの評価も受けるため，企業における環境活動も客観的に，国際条約，法令およびソフトローを検討し，合理的に進めていかなければならない。

④ ISO26000シリーズ

企業のCSRに関しては，1920年頃からネガティブスクリーニングが始められ，国際的に展開され，さまざまな検討が行われている。フィランソロピーやメセナなども企業の社会貢献として実施されている場合もあるが，業務そのものについての姿勢を標準化仕様とする検討も行われている。国際標準化機構では2005年から「社会的責任に関する規格」が議論されている。当初は企業の社会的責任規格（CSR規格）として議論が始まったが，社会的責任は，社会的に広い視点が必要であることから，SR（Social Responsibility：社会的責任）規格と

して，ISO26000シリーズが2010年11月に発行されている。社会科学的な要素が強いことからガイドラインとしての内容となっている。SRの基本的な原則として次の項目が示されている。

表2-11 ISO26000シリーズ（SR規格）基本的原則

①説明責任	⑤法の支配の尊重
②透明性	⑥国際行動規範の尊重
③倫理的な行動	⑦人権の尊重
④ステークホルダーの利害の尊重	

　説明責任（accountability）は，当初は，会計（accounting）に関する情報整備から始まったものであり，財務面においては法令によって詳細に規制が定まっている。近年では，非財務面の説明責任について社会的必要性が高まり，説明すべきステークホルダーが，投資者，融資者から消費者，周辺住民・一般公衆へと広がっている。国連のグローバルコンパクトなどで国際的に，人権，倫理面の改善が求められていることも本基本原則では考慮されている。また，企業におけるコンプライアンス活動も多様化してきたことから規定対象にされている。
　他方，本規格におけるSRの中核主題として7つの項目を取り上げ，現状における課題解決を図っている。

表2-12 ISO26000（SR規格）シリーズにおおける中核主題

①組織統治	⑤公正な事業慣行
②人権	⑥消費者に関る課題
③労働慣行	⑦コミュニティ参画およびコミュニティの発展
④環境	

　コーポレートガバナンス（企業統治）に関しては，すでに多くの議論が行われており，社会状況に適宜対応していく必要がある。人権に関して，わが国に

とって大きな問題の1つに男女差別が挙げられ，企業内における慣習的な部分の改善が必要である。ただし，さまざまな面での問題が発生してるため，斟酌する必要がある。その他複数のハラスメント（harassment）に係わるものがあり，精神面での対応が必要なため解決は非常に難しい面が多い。労働面は，労働基準法，労働安全衛生法およびその特別法，行政・業界団体から発行されるガイドラインで詳細に規制されているため，その遵守が重要である。

環境問題は，ISO14000シリーズでも取り上げられているが，これらSRに密接に関係してくるため，社内体制整備の基本的必要事項と考えられる。消費者への説明責任，公正な事業慣行，消費者に関する課題として製造物責任（Product Liability：PL）が挙げられる。わが国では，民法の特別法として「製造物責任法」が施行されており，「製造物の欠陥により人の生命，身体又は財産に係る被害が生じた場合における製造業者等の損害賠償の責任が定められ，被害者の保護」が図られている（法第1条）。製造業者における対処として，消費者が誤った使い方をしないように安全に関する説明を充実させている。ドイツでは，この概念をさらに発展させて「製造物環境責任」として環境保全面までの責任としている。

コミュニティに関しては，情報公開およびリスクコミュニケーションが国際的に図られているが，企業，地域によって格差が大きい。米国のEPCRA（スーパーファンド法改正法で規定）は，企業の事故による地域への環境汚染対処としての一般公衆の「知る権利」（有害物質の種類と量，性質［リスク］の公開の義務化）を定めている。また，世界各地で環境都市計画が進められている。わが国では，以前は，エコポリス（環境省），エコシティ（国土交通省）が進められ，スマートグリット（smart grid）など手法やLRV（Light Rail Vehicle）などを利用したLRT（Light Rail Transit）システムなどを合理的に導入したコンパクトシティ（compact city）も検討されている。一般公衆の健康・福祉面からの考慮も図られている。広い意味での環境活動ともなり，企業にとっては，社会貢献およびビジネスチャンスでもある。

すでにCSRレポートでISO26000シリーズの内容を考慮するケースも多い。具体的な記載内容が示されていないことから，企業の裁量で詳細な記述につい

ては個別に検討を行っている。定量的な評価は依然難しい状況であるが、レポートのコンテンツがほぼ統一化してきたと考えられる。

(4) レポート作成のガイドライン

① CSRレポートの経緯と意義

　CSRレポートは、一般公衆、行政との間でのコミュニケーションツールとして重要な情報源であり、持続可能性を評価するうえでも信頼性のレベルの指標となる。したがって、双方向での対話がなければその実効性は保つことはできない。当初は企業環境レポート、サスティナブルレポートとして発行されていたものが、CSRに幅を広げ公開されるようになってきた。公開の方法は、冊子の配布、インターネットによる公開、CDの配布などさまざまである。ただし、このような情報が公開されていることを知らない者も多く、少なくともステークホルダーには入手しやすくしておく必要がある。CSRレポートは顧客向けのみのレポートではないので、社員をはじめ投資家・融資者は、会社が社会的な責任を果たしているか否かを評価する必要がある。

　欧米では、1990年代より双方向性（連絡先を明記し、返信用郵便を添付したレポート配布など）をもった環境レポートを発行しており、すでに歴史があり、リスクコミュニケーションとしての機能を持ちつつある。しかし、1960年頃からの公害問題で企業（または行政）と一般公衆が裁判（ほとんどが民事）で争ってきた日本では、ステークホルダーとの対話には慎重になっており、原子力発電所立地のように政府が十分なリスク分析を行わないまま安全（何を持って安全とするかも不明）を誇大広告したものもある。双方向でのリスコミュニケーションツールとしてCSRレポートを一般化させるためには、その有効性を証明していかなければなかなか一般公衆の関心を引くことはないだろう。少なくとも、学生の就職先選択時の評価項目になることが望まれる。会社の中長期的な持続可能性を点検するには最もよい情報源である。

　会社はそもそも何らかの社会的貢献を担っているものであり、商品として提供する「もの」、「サービス」が適切に製造・販売されているのか、持続可能性があるのかをCSRレポートで示さなければならない。ただし、CSRレポートは、

国内外のガイドラインにて記載項目はほぼ統一されてきているが，データ収集の条件が必ずしも一定ではなく，自主的な活動であること，個々の企業ごとに業務内容に個性があることから企業間の比較は困難である。しばしば，レポートのランキングが行われているが，定量評価よりも定性評価からの比較が多い。

米国では，スーパーファンド法（包括的環境対策・補償・責任法［Comprehensive Environment Response, Compensation and Liability Act of 1980：CERCLA］，スーパーファンド改正再授権法［Superfund Amendments and Reauthorization Act of 1986：SARA］）の事故計画及び一般公衆の知る権利法（Emergency Planning and Community Right to Know Act：以下「EPCRA」とする）が追加されたことで一般公衆の知る権利が整備され，国際的に「知る権利」への関心が高まった。IBM，デュポンなど10社は統一した合理的な情報公開を目的として，「PERI（Public Environmental Reporting Initiative）ガイドライン」を1993年に作成し，企業環境レポートの自主的な標準化を目指している。当時，半導体工場からの有害物質汚染が社会的問題となっていたことを背景に，このレポートにおける公開では化学物質の排出，移動に関する公開などが行われている。米国連邦法としては前述のEPCRAに，後のOECD勧告（1996年）のPRTR（Pollutant Release and Transfer Register）制度に強い影響を与えたTRI（Toxic Release Inventory：有害物質放出目録）制度が導入され，個別企業の情報が公開され始めている。

② レポート記載項目に関するガイドライン

企業環境レポートについては，産業界における検討も行われている。欧州化学工業会（英語名は，European Chemical Industry Council：一般的にCEFICと呼ばれる。以下「CEFIC」とする）では，会員企業の間で企業におけるレスポンシブルケア活動[22]が検討されており，その一環として1993年6月に「環境報告に関してのガイドライン（CEFIC GUIDELINE ON ENVIRONMENTAL REPORTING FOR THE EUROPEAN CHEMICAL INDUSTRY）」が発表されている。このガイドラインでは，次の項目の記載が定められている。

前述の米国でのガイドラインであるPERIでも同様な対応を求めている。し

表2-13 CEFIC・環境レポートガイドライン

① 環境監査（環境管理及び環境監査）
② 有害物質の放出インベントリー
③ 廃棄物対策
④ 企業の環境声明
⑤ 企業活動の環境影響に関する一般への環境レポートの発表

かし，「有害物質の放出インベントリー」については，事業所から放出される有害物質量の発表や，対象となる化学物質の名前までは取り上げてない。このため，個々の企業によって発表内容にばらつきが大きく，化学物質の使用量や放出量に関しては発表しないものや，記載があっても酸やTOC（Total Organic Carbon：全有機炭素）などといった分類となっており，具体的な名称での発表は少ない。また，当該CEFICガイドラインでは，企業全体での対応の場合と（工場などの）事業所ごとの報告項目を分けて定めている。

　WICE（World Industry Council for the Environment：世界環境産業協議会）[23]は，1994年に「環境レポーティング　マネージャーズガイド」を発表している。このガイドラインでは，基本的な考慮，重要な実施項目，監査，可能な目次等が示されており，読者として，「消費者，労働者，環境NGO，投資者，地域住民，メディア，科学者・教育機関，供給業者・契約者・ジョイントベンチャーパートナー・ディーラー，貿易・産業・商業協会」を取り上げ，レポート項目として「大分類として，質的項目，管理，量的項目，生産物」を抽出し，それぞれを縦軸，横軸にとってマトリックス分析によって各読者に対してのレポート各項目の必要性と内容について精査することを提案している。かなり早い時期から環境レポートに関する評価を行ってきたとはいえ，WICEのガイドラインの評価は，現在のCSRレポートにも適応できる。CSRレポートによる双方向のコミュニケーションとして読者からの意見を分析し，改善を図っていくひとつの方法として実施することが望まれる。

③ GRIガイドライン

CEFIC, WICE, PERIの検討を経て, CSRレポートの国際的なガイドラインとなるGRI (Global Reporting Initiative) ガイドラインの作成へとつながっていく。GRIガイドラインでは, 持続可能性の面から環境保全面に加え, 社会的および経済的要因が考慮されており, CSRの情報公開に関した幅広い内容が示されている。

GRIとは, 1997年に国連環境計画 (UNEP) およびCERES (Coalition for Environmentally Responsible Economies) の呼びかけにより, WBCSD, 公認会計士勅許協会 (Association of Chartered Certified Accountants : ACCA), カナダ勅許会計士協会 (Canadian Institute of Chartered Acountants : CICA) などが参加して設立された組織である。その後, 2002年4月上旬には, 国際連合本部で正式に恒久機関として発足している。

GRIガイドラインは,「報告組織が持続可能な社会に向けてどのように貢献しているかを明確にし, 組織自身やステークホルダーにもそのことを理解しやすくすること」を目的としている。2000年に最初のガイドラインが発行され, その後, 社会状況の変化に対応して適宜改定が実施されている。2013年には,「サステナビリティ・レポーティング・ガイドライン第4版」との名称で発表されている（第1章≪より深く学ぶために≫＊4参照）。また, このガイドラインでCSRの報告の対象としているのは企業だけでなく, 政府, NGOなどを含むすべての組織としており, 自主的な活用を謳っている。ただし, ISO14001の認証のような第三者による審査を目的としておらず, 管理システム（報告システムなど), パフォーマンス基準（内部のデータ管理, 手引き, 行動規範など）を定めていないことが前提として示されている。

また, 2000年の改訂版で示された報告の原則では, レポートの問題点を補う形で, 透明性, 包含性, 監査可能性, 網羅性, 適合性, 持続可能性の状況, 正確性, 中立性, 比較可能性, 明瞭性, タイミングの適切性が求められている。詳細な記載項目が求められていないため, 比較可能性, 正確性などをどのように確保するのかは本ガイドラインの利用者の検討に委ねることになる。各国, 各地域の事情, 各産業界の状況に応じた独自の対応が必要と思われる。

④ 国内の動向

　国内のCSRレポート作成に関するガイドラインとしては，環境省が2002年に発行した「事業者の環境パフォーマンス指標ガイドライン（2002年度版）」，2003年に発行した「環境報告書ガイドライン（2003年度版）」が挙げられる。その後，この２つのガイドラインを統合・改定し，2007年６月に実務的な手引きとして「環境報告ガイドライン（2007年版）」を発表している。2012年には，国際的なCSRの進展を踏まえてさらに改定が行われている。この報告書は，わが国の企業におけるCSRレポート作成時に環境保全面からの検討に参考にされている。

　本ガイドラインも「環境・経済・社会の各側面における重要な影響や活動などを中心に報告することが有効な方法」となると述べており，GRIガイドラインと同様な方針が示されている。

　また，2005年に「環境会計ガイドライン2005年版」も発行されており，「環境会計情報が環境報告書の重要な項目として開示されることにより，情報の利用者は企業等の環境保全への取組姿勢や具体的な対応等と併せて，より総合的に企業等の環境情報を理解することができる」と示され，具体的な数値情報（環境コストなど）の情報開示も推奨している。なお，環境会計の定義として「事業活動における環境保全のためのコストとその活動により得られた効果を認識し，可能な限り定量的（貨幣単位又は物量単位）に測定し伝達する仕組み」と定めている。さらに企業の客観的な評価についても触れ，経営戦略面で「企業等の内部利用にとどまらず，環境会計情報が環境報告書の重要な項目として開示されることにより，情報の利用者は企業等の環境保全への取組姿勢や具体的な対応等と併せて，より総合的に企業等の環境情報を理解することができる」と述べている。

　しかし，企業で環境会計として具体的な金額を示す際に，対象にする範囲と環境保護対策を行わなかった際に発生した損害の算出の仕方など明確に表すのは困難である。環境会計に関しては，裁量の余地が大きいことから，企業が発表する数値の信頼性を高めるにはLCAに関した多方面からの検討が必要である。したがって，LCAにけるLCCを環境活動の定量的な把握の手法としての

位置づけする必要がある。

　一方，わが国では，「事業活動に係る環境配慮等の状況に関する情報の提供及び利用等に関し，国等の責務を明らかにし，特定事業者による環境レポートの作成及び公表に関する措置等を講ずることにより，事業活動に係る環境の保全についての配慮が適切になされること」を目的として，2004年6月に「環境情報の提供の促進等による特定事業者等の環境に配慮した事業活動の促進に関する法律（以下「環境情報促進法」とする）」(2005年4月施行) が公布されている。

　本法で環境レポートの提出対象としている特定事業者は，「特別の法律によって設立された法人であって，その事業の運営のために必要な経費に関する国の交付金又は補助金の交付の状況その他からみたその事業の国の事務又は事業との関連性の程度，協同組織であるかどうかその他のその組織の態様，その事業活動に伴う環境への負荷の程度，その事業活動の規模その他の事情を勘案して政令で定めるもの」（法第1条第4項）と定められており，国立大学法人と独立行政法人・その他法人が公表を行っている[*24]。冊子での配布および環境省のホームページで公開されている（参照：環境省HP「もっと知りたい環境報告書」アドレス：https://www.env.go.jp/policy/envreport/index.html）。

　環境レポートの公表には，「自ら環境報告書が記載事項等に従って作成されているかどうかについての評価を行うこと，他の者が行う環境報告書の審査を受けることその他の措置を講ずることにより，環境報告書の信頼性を高めるように努めなければならない」（第9条第2項）ことが求められており，法令に基づいた記載事項の要求と，CSRに関するガイドラインと同様に客観的な評価が定められている。なお「環境情報」とは，「事業活動に係る環境配慮等の状況に関する情報及び製品その他の物又は役務に係る環境への負荷の低減に関する情報」（第2条）と定義されている。

　また，当該法（第4条，第5条）では，「事業者及び国民の責務として，事業者の環境情報を勘案して投資するように努める」ことも定められている。CSRレポートなどで公開される環境情報をSRIを含め投資の際に考慮に入れることは，今後国際的に注目度は高まっていくであろう。企業の環境活動に関し

ても，適正に評価する必要性が重要となり，さらに客観的な評価が作られていくことが予想される。

≪より深く学ぶために≫

＊15　グリーンコンシューマー10原則

　　グリーンコンシューマー全国ネットワークでは，消費者に環境活動をわかりやすく示したグリーンコンシューマー10原則「グリーンコンシューマーになる買い物ガイド」を作成している。

> ① 必要なものを必要な量だけ買う
> ② 使い捨てではなく，長く使えるものを選ぶ
> ③ 容器や包装はないものを最優先し，次に再使用できるもの，最小限のものを選ぶ
> ④ 作るとき，使うとき，捨てるとき資源とエネルギー消費の少ないものを選ぶ
> ⑤ 化学物質による環境汚染と健康への影響の少ないものを選ぶ（塩ビ製品は買わない）
> ⑥ 自然と生物多様性をそこなわないものを選ぶ
> ⑦ 近くで生産，製造されたものを選ぶ
> ⑧ 作る人に公正な分配が保証されるものを選ぶ
> ⑨ リサイクルされたもの，リサイクルシステムのあるものを選ぶ
> ⑩ 環境問題に熱心に取り組み，環境情報を公開しているメーカーや店を選ぶ

　　消費者の立場からの環境効率向上（省資源，省エネルギー，有害物質回避［または有害物質発生回避］，自然循環）をわかりやすく説明している。この活動を行うことにより企業の環境保護への取り組みに関するネガティブスクリーニングが図られ，環境活動評価が行われることとなる。

＊16　チェルノブイリ原子力発電所事故による広域環境汚染

　　原子力発電では，発電に必要な莫大な熱が得られるという大きなメリットの反面，放射能および放射性物質の発生などデメリットの面も大きい。
　　チェルノブイリ原子力発電所で発生した爆発事故では，広島型原爆の500倍の放射性汚染を引き起こしたとされている。事故は，4号炉の核反応の管理ミスで燃料棒を一度に引き抜いたことで，異常反応が起こり水素が発生し爆発したことが原因であるとされている。いわゆる内部事象によるリスク対策不足で発生した事故である。放出された放射性物質は広域に放出され，欧州を始め多くの国に降下した。農作物，放牧による畜産業（チーズなど乳製品，食肉），漁業など広範囲の食品への放射性物質を混入させ，日本を含め多くの国で関連食品の輸入が制限された。

わが国では，原子力発電所に適用されている定期点検の技術基準は，米国機会学会（ASME:American Society of Mechanical Engineers）で定めた規定を参考にしている部分が多い。また，リスク管理において，フェールセーフ（fail safe：装置，システムに故障または誤操作，誤動作による障害が発生した場合，事故にならないように確実に安全側に機能するような設計思想）およびフールプルーフ（fool proof：作業員などが誤って不適切な操作を行っても正常な動作が妨害されないこと），インターロック（interlock：誤動作防止，条件がそろわないと操作が行われないようにすること）を行っている。しかし，2011年3月には，福島第一原子力発電所で地震，津波による外部事象（自然現象）のリスク管理不足で事故が発生している。この事故においても放射性物質のフォールアウトで農業，漁業などに大きな損害を発生させている。

原子力発電所内での事故に対処するために，国際原子力機関（IAEA）および経済協力開発機構原子力機関（OECD／NEA）で検討が行われ，国際原子力事象評価尺度（International Nuclear Event Scale：INES）が1992年3月にオーストリア，ウィーンで採択されている。国際原子力事象評価尺度では，原子力発電所で発生する事故などを「安全上重要ではない事象レベル」0からチェルノブイリ事故，福島第一原子力発電所事故に相当する「重大な事故レベル」7までの8段階に分類している。

*17 化学工場事故によるライン川汚染

ライン川は，スイス東部を源に，ドイツ，リヒテンシュタイン，オーストリア，フランス，オランダなど複数の国内や国境を流れる全長1,320キロメートルの大河である。国際河川であり，大型船舶の運航も可能で国際法上非沿岸国も含めて自由航行が認められている国際的な通商の要所となっている。飲料水など生活面においも非常に重要な河川である。しかし，1986年11月1日未明に，スイス，バーゼル市（バーゼルシュタット・カントン州）郊外シュヴァイツァーハレにあるサンド（sandoz）社化学プラントの化学薬品倉庫で火災が起こり，大量の化学物質がライン川に流出するという事故が発生している。水銀化合物，殺虫剤・除草剤など30トン弱の有毒な化学物質が川に流出し，約50万匹の魚が死に，ドイツ，フランス，オランダでは水道水としての取水が一時できなくなり，水道が使用できなくなる大惨事となった。

事故が大きな災害となった原因は，消火活動のミスのある。火災を起こした倉庫内には，ナトリウムなど水と反応すると発火するものが貯蔵されていたが，通常の消火活動である水を放水してしまったことで二次的な爆発火災を引き起こし

てしまった。このためさらに化学物質が流出し，被害が拡大してしまった。ライン沿岸に立地する工場と消防とが事故対処のための事前の情報整備（貯蔵物の種類と量およびその化学物質の性質［SDS：Safety Data Sheet］）を行っていなかったことが適正な汚染事故対処ができなかった理由である。

ライン川は沿岸に多くの工場地帯があり，1950年頃以降水質汚染が発生し，1963年にすでにスイス，ドイツ，フランス，ルクセンブルク，オランダの間にライン川汚染防止国際委員会協定が制定されていた。さらに，1976年には，EC（European Commission：ヨーロッパ共同体）も条約当事者に加えた「化学物質及び塩化物による汚染防止のための条約」も採択され，汚染を知った政府は，条約締約国および当該汚染防止国際委員会への通報が義務づけられていた。しかし，この汚染事故では速やかな通報も行われていなかった。その後も度重なる汚染が発生したことで，広域河川汚染に対処するために1999年4月にスイス，ドイツ，フランス，ルクセンブルク，オランダおよびECの間で新たに環境保全に関して包括的な規制を定めた「ライン川保護条約」が採択された。この条約では，ライン川の生態系，飲料水の製造など保護範囲が拡大され，安全のための体制の再整備など詳細な内容が含まれた。この条約の制定に伴って，先に述べた「ライン川汚染防止国際委員会協定」および「化学物質及び塩化物による汚染防止のための条約」は廃止された。

*19　環境運動家デビッド・ブラウアー

1971年に設立された国際的な環境NGOである「地球の友（Friends of the Earth）」設立の提唱者である。米国のNGOによる環境活動に大きな影響を与えた。地球の友は，数十カ国に支部があり，国際的なネットワークを持っている。日本では，「FoE Japan」との名称で活動を行っている。

*19　エルニーニョ

エルニーニョ（El Nino）現象は，岩波書店『理化学辞典第5版』（1999年）では，「通常の状態では，赤道に沿って常に東風（貿易風）が吹いているので，赤道太平洋西部に暖水が集められ，深さ150m程度の暖水プールが形成されている。ところが，数年に一度，暖水プールの水が東側に流出して，赤道太平洋全域を覆う現象が生じる。南米ペルーの沖合いは湧昇のために通常は海面水温が低く保たれているが，エル・ニーニョが発生すると軽い暖水が海面を覆うので風の作用が深海に及ばなくなり，湧昇が止まる。海面付近のプランクトンは湧昇によって深海から運ばれてくる栄養塩によって繁殖するので，湧昇が止まるとプランクトンが生存

できなくなり，食物連鎖で繋がっている生態系を壊滅させてしまう。統計的には，エル・ニーニョの発生した年の日本の冬は暖冬に，夏は冷夏になる傾向がみられる」と示されており，自然科学的には周期的に発生していることで異常気象（WMO [World Meteorological Organization：世界気候機関] では25年以上，日本の気象庁では30年以上に一度発生する並外れた気象のこと）ではない。

別途，エンソ（エルニーニョ [El Nino] and Southern Oscillation [Southern Oscillation]）では，「エル・ニーニョ現象と低緯度地方の年平均の地上気圧の分布に見られる数年周期の振動である南方振動」という現象を合わせたものも発生しており，その発生原因は，「大気・海洋間の力学的結合によって生じる自励振動と考えるモデルや，暖水プールの構造の不安定によって生じるモデルなどがあるが，未解明の部分も多い」となっている。また，エルニーニョが起きる時期に，逆に0.5℃以上降下するラニーニャ（La nina）現象も発生している。

長期間に変化する気候変動に関しては，自然科学的にもまだ不明な部分が多く，社会学的な検討で長期間を要する国際的な計画を行う際には適宜科学的な知見の進展を考慮していかなければならない。

*20　EU規制

EU規則（regulation）は，EU加盟国に直接適用され，各国の国内法に優先する拘束力を持つもので，EU法令の中でも最も効力のあるものである。その他，EUでは，1992年にエコラベル規則が交付されており，EU諸国で共通の法律による環境システムとなっている。

なお，EUの法システムには，EU全域に発せられても実施するための形式および手段の権限は，各国の国内機関に委ねられる「指令（Directive）」と呼ばれるものもある。指令は，各国の国内法に置き換えられ初めて効力を発揮するものである。したがって，各国は国内法や行政規則などを指令に沿って改正する必要がある。各国の裁量の余地は，目的によってその範囲が異なる。環境保護関連には，①使用済み自動車に関しリユース・リサイクル率の目標を定め，自動車生産に関し，鉛，水銀，カドミウム，六価クロムの使用禁止するELV指令（Directive on End-of-Life Vehicles）（2000年10月発効），②電気電子機器製品に関して鉛，水銀，六価クロム，カドミウム，臭素系難燃剤2物質（PBB／ポリ臭化ビフェニル，PBDE／ポリ臭化ジフェニルエーテル）の使用を原則禁止するRoHS指令（Directive on Restriction of the use of certain Hazardous Substan）（2003年2月発効），③廃電気・電子機器の資源循環を目的としリユース・リサイクル率を定めたWeee指令（Directive on Waste Electrical and Electronic Equipment）（2003年3月発効）がある。

この他法体系には，特定の（個別またはすべての）加盟国や企業，私人（国家，公共ではない私的な立場から見た個人）を対象とした義務を定めた「決定（Decision）」，法的拘束力を有しないがEU理事会の意見表明として発せられる「勧告，意見（Recommendation，Opinion）」がある。

＊21　グリーン調達

　グリーン購入とは，環境負荷が少ない製品やサービスを選択して購入することをいい，企業が資材などを調達する際に考慮する場合はグリーン調達と呼ばれることもある。環境基本法（1993年制定）では，第24条に「環境への負荷の低減に資する製品等の利用の促進」が定められており，同法同条第2項には，「国は，再生資源その他の環境への負荷の低減に資する原材料，製品，役務等の利用が促進されるように，必要な措置を講ずるものとする」と謳われ，国によるグリーン購入・調達の促進を規定している。また，循環型社会形成推進基本法（2000年制定）第19条（再生品の促進）では，「国は，再生品に対する需要の増進に資するため，自ら率先して再生品を使用するとともに，地方公共団体，事業者及び国民による再生品の使用が促進されるように，必要な措置を講ずるものとする」と定められ，国が自ら率先して再生品を使用することが定められている。

　わが国では，2000年には，「国等による環境物品等の調達の推進等に関する法律：グリーン購入法）」が制定されている。規制の対象は，国，独立行政法人等および地方公共団体で，環境物品等の調達の推進，関連情報の提供，環境物品等への需要の転換の促進が定められている。「環境物品等」とは，①再生資源その他の環境への負荷の低減に資する原材料または部品，②環境への負荷の低減に資する原材料または部品を利用していること，使用に伴い排出される温室効果ガス等による環境負荷が少ないこと，使用後にその全部または一部の再使用（リユース）または再生利用（リサイクル）がしやすいことにより廃棄物の発生を抑制することができることなど環境負荷の低減に資する製品，と定められている。第6条では，国に環境物品等の調達の基本方針の作成が定められており，適宜発表される「環境物品等の調達の推進に関する基本方針」では，規制対象となる個別製品について「判断基準」と「配慮事項」が示される。

　企業においても独自に「グリーン調達基準」が示される場合も多く，LCAに基づいて設計する場合（エコ設計またはエコデザイン），有害物質の排除が必要となり，材料調達の重要な発注基準となる。この結果，協力会社・取引会社の選定基準ともなっている。環境活動がビジネスチャンスをつかむこともある。

　政府が率先してグリーン購入を進めた米国では資源保全再生法（Resource

Conservation and Recovery Act of 1976：RCRA）に基づき，連邦政府機関などへマテリアルリサイクル物品の購入が図られている。グリーン調達規定の内容には，「再生物質含有率を考慮してその規格基準を改定すること」や「価格，性能，仕様などを考慮し可能な限り再生物質含有率の高い製品を購入すること」などが定められている。規制の対象となる連邦政府機関などは，連邦政府機関，州政府機関，もしくは連邦基金を利用する州政府の付属機関が含まれている。また別途，1993年に署名された大統領令12873号「調達，リサイクリング及び廃棄物抑制」によってさらにU.S.EPAに，「包括的物品調達ガイドライン（Comprehensive Procurement Guideline：以下，CPGとする。／再生物質を利用した製品が含まれる）」および再生物質助言通知「（Recovered Material Advisory Notice：RMAN／CPGに記載された製品を連邦政府機関等へ推奨）」を要求している。この大統領令は，リサイクルを図ることにより廃棄物処理場の残余容量に余裕を持たせることや民間機関や一般消費者に対するモデルケースとなることを目的としている。U.S.EPAでは，1994年にすでにCPG案公表，1995年にRMAN通知を行い，3,000以上の製品が紹介された「環境製品ガイド（Environmental Product Guide）」が公表されている。

＊22　レスポンシブル活動

　1985年にカナダ化学品協会（CCPA）が，「レスポンシブルケア活動」を提唱し，労働安全衛生を中心に対策が進められた。1990年には，米国化学品製造者協会（CMA），オーストラリア化学品製造協会（ACIA）によって，国際的なレスポンシブルケアの推進機関である「国際化学工業協会協議会（ICCA）」が設立されている。その後，「国連環境と開発に関する会議」（1992年）で採択された「アジェンダ21」の19章および30章に基づいて，有害物質に関した企業内の環境活動に関した体制整備を目的として活動が進められ，環境保全も対策に含まれるようになった。OECDで勧告されたPRTR制度とも重複する部分が多いため，同時並行で取り扱っている企業が多い。

　わが国では，1994年12月社団法人日本化学工業協会（JCIA）から「レスポンシブルケアの実施に関する基準：環境基本計画」が発表されている。また，この活動が多くの化学物質を取り扱っていることから大気汚染防止法の中に盛り組まれ，「事業者の責務」として規定されている。「事業者の責務」とは，第18条21に規定されており，「事業者の責務として，事業活動に伴う有害大気汚染物質の大気中への排出又は飛散の状況を把握するとともに，当該排出又は排出を抑制するために必要な措置を講ずるべきこと」と定められている。中央環境審議会の第二次答申では，本規定対象の有害大気汚染物質に該当する可能性がある物質として234物質

が示され，この中から優先取り組み物質として22物質が選定されている。法令で定められたことから，化学工業界だけでなく規制対象物質を含む国内全ての企業で環境保護対策が必要となった。

＊23　WICE

　WICEは，1995年にBCSD（Business Council for Sustainable Development：持続可能な開発のための産業界会議）と合併し，持続可能な発展のための世界経済人会議（The World Business Council for Sustainable Development：WBCSD）になった。設立当初，WBCSDには，33カ国の主要な20の産業分野から120名以上のメンバーが集まっており，経済界と政府関係者との間で密接な協力関係を築いている。

＊24　環境情報促進法によるレポート公開

　環境レポートの作成頻度は，「主務省令で定めるところにより，事業年度又は営業年度ごとに，環境レポートを作成し，これを公表しなければならない」（法第9条）と規定されており，年度単位で発表されている。この公表をしなかったり，または虚偽の公表をした場合，特定事業者の役員は，20万円以下の過料の罰則が規定されている（法第16条）。

　なお，過料とは，刑罰ではないが，秩序罰，執行罰，懲戒罰があり，刑法により，1,000円以上1万円未満とされている。科料（軽微な犯罪に対する財産罰で刑法で定められている）と区別をするため「あやまちりょう」ともいう。

第3章
信頼性の確保

- 3-1 環境負荷発生の改善と予防
- 3-2 国際条約

3-1 環境負荷発生の改善と予防

(1) 日本のCSR

① CSR経営

　日本に商業が発展してきた頃，商人には自己規律を維持するために「家訓」を定め，持続可能性の維持を保とうとしている。コーポレートガバナンスに関連したものとして，例えば住友家が組織の維持（または個人のコンプライアンス）のために定めた「職務により自己の利益を図るべからず」は，立場を利用した贈収賄，インサイダー取引，縁故を利用した不公平行為，天下りなど現代の社会においても重要な秩序違反または犯罪である。金融機関ではあってはならないことである。マクロに考えると，米国で起きたサブプライムローンの破綻，ギリシャおよび欧州の金融危機を招いた国債の不正会計などは，バブル経済を生み出し，社会的責任を無視した行為といえる。多くの無駄な「もの」と「サービス」を創り出し，莫大(ばくだい)な資源を消費し，莫大な廃棄物を環境中に放置することとなっている。加害者が不明確なまま，そもそも多くの人の幸福に生活する権利も消滅させている。

　また，住友財閥が経営していた別子鉱山（新居浜市）では，銅の生産をイオウ化合物から精製していたため，生産時に酸性雨の原因となるイオウ酸化物（SO_x：大気中の水分と反応し硫酸を生成する）を排気したため，広域にわたり農作物，森林，生活および生態系に被害を発生させている。特に明治以降，技術の発展により工業的に生産したことによって，大規模な汚染となり深刻な事態となっている。この対処として，銅山頂上に6本の煙突を作り大気汚染を希釈し，海上にある島（新居浜沖20kmにある四阪島）に工場を移転し被害防止対策を講じている。しかし，汚染物質の環境中での挙動分析が不十分であったため，却って東伊予地方一帯に煙害問題が拡大した。その後，新たな汚染防止技術を導入したことによって環境が改善されている。銅山にある採掘所，精錬所周辺でも汚染によって森林に甚大な損害が発生したが，CSR活動として植林

を行っている。その後，この森林管理技術のノウハウに基づき住友グループに新たなビジネスが生まれている。

　他方，日立鉱山（茨城県）でも事業拡大に伴って大気汚染が深刻となり，1914年には被害範囲が周辺4町30村に拡大した。経営者の久原房之助は，排煙を希釈するために当時世界一の高さの155.7メートルの煙突を1915年に建設している。久原はこの大煙突の建設にあたって「この大煙突は日本の鉱業発展のための一試験台として建設するのだ。たとえ不成功に終わってもわが国鉱業界のために悔いなき尊い体験となる」と社会的責任を主張している。さらに，亜硫酸ガスのため，周辺地域の山々の樹木が枯れたことについての対処として，煙に強い木を自社で約500万本を植林し，周辺の町村へ苗木を500万本無料で配布している。地域とのリスクコミュニケーションを重視した先進的な行動である。

② 三方よし

　近江商人の家訓として「三方よし（売り手よし，買い手よし，世間よし）」（後世の学者によって，「家族よし」から「世間よし」に代えられたとの説もある）というCSRの基本理念ともいえる考え方も作られている。この家訓を，一般に紹介した文献は，勝海舟の語録「氷川清話」といわれており，モデルとなった人物は近江商人塚本定次（1826～1905）で，江戸時代から明治時代にかけて実践されていた。

　氷川清話によると，塚本定次は莫大な財産を持っていながら質素な生活をおくっており，自ら築いた財産で学校を建設したり，使用人に適切に配分したり，郷里の村人のために自分の土地に桜や楓を植林し憩いの場（コモンズ）を提供し，植林のために滋賀県に多額の金額を寄付している。滋賀県への寄付で植えられた木々は，50年先のために行っていると長期的な視点での仕事を飄々と語っていることも記述されている。

　このような近江商人は塚本氏だけではなく，このほか，郷里および行商先の得意場の困窮や災害時にはその復興のために多額の寄付，公益に尽力するといった記録もあり，「世間よし」の考え方が浸透していたことがわかる。現在

の企業における中長期的な経営においても参考になることが多い。「世間よし」は，商売でよい商品を安定供給（流通）すること自体が社会的な責任であることから，「商売の基本」であったとも考えられる。

図3-1 近江商人繁栄が偲ばれる町並み

用水には鯉が泳いでおり，大きな屋敷や倉が建ち並んでいる。現在も資料館や当時の生活を保全した伝統的建造物が建ち並んでいる。

　また，近江地方は，都（京都）に攻める武将達の通り道になることが多く，略奪などが頻繁に行われた経緯もあり，常に国家の社会状況に敏感だったといえ，行商で国内の動向を緊張感を持って情報収集していたと考えられる。このような状況を踏まえ，CSRの考え方を持ったほうが持続可能性があると判断していったと思われる。現在でも目先の利益にとらわれ，社会または国際的な動向把握を怠り，何の改善もしないまま固定観念にとらわれていると次第に経営は傾いていく

　他方，島根県など中国地方に古代（6世紀後半）から行われているたたら製鉄（たたらとは空気を送り込む装置）では，砂鉄の還元および溶融するために木炭が使用されている。一時は大量の木炭生産を行ったため森林減少が問題となり，持続可能な経営が危ぶまれた。しかし，個々の経営者（当時は森林も所

有していた例が多い）は，森林を持続的に使用するために計画的に森林を伐採することで森林を保護し，持続的にたたら鉄製造が行われている。当該地域で生産されたたたら鉄は，全国へ運ばれ各地で鉄製品が生産され，国内の鉄供給が保たれた。

③ 食品衛生と環境保全

企業が提供する商品の中でも，人が体内に摂取するものは健康影響に最も注意しなければならない。食品の汚染は，生活に最も身近にある健康リスクといえる。病原菌による汚染をはじめ，ウィルス（鳥インフルエンザなど），プリオン（狂牛病など）などさまざまな病原体が存在し，新たな病原体発生による汚染の可能性もある。原子力発電所の事故で放出された放射性物質の降下による農作物などの汚染，環境中からの有害化学物質の汚染や「カネミ油症事件」[*3]，食品生産工程の管理ミスによる汚染などもある。

2003年に食品のリスク管理の基本となる「食品安全基本法」が制定され，内閣府に食品の健康影響評価を行う食品安全委員会が設置された。この委員会から厚生労働省，農林水産省に対して，食品の安全確保に関する施策などについて勧告が行われ具体的な対処が行われる。また，衛生面の具体的な対処に関しては，「食品衛生法」によって管理されている。国際的にはHACCP（Hazard Analysis Critical Control Point System：危害分析・重点管理点方式）[*2]が検討・導入され，当該法律にも導入されている。各社独自のリスク管理方法が導入され，食品汚染防止など衛生面に配慮している。

また，わが国の食品関連業界では，より高いリスク回避を求めて3分の1ルールという業界規制を慣習的に実施している。このルールでは，「小売店などが設定するメーカーからの納品期限及び店頭での販売期限は，製造日から賞味期限[*3]までの期間を概ね3等分して商慣習として設定される場合が多い（製造から納品期限，納品から販売期限，販売期限から賞味期限の3等分）」（引用：農林水産省食料産業局バイオマス循環資源課，食品産業環境対策室 資料『食品ロス削減に向けて ～「もったいない」を取り戻そう！～ 平成25年9月』（2013年）7頁）というもので，メーカーで製造された食品は，製造から正味期限まで3

分の1の期間以内に販売店に納入し，その後の3分の1の期間（販売期間）を過ぎると店頭から回収され，廃棄されることを定めている。

この3分の1ルールは，食品の腐敗などのリスク回避の方法として機能しているが，まだ賞味期限が残っている食品を廃棄することが，無駄の増加（もったいない），廃棄物の増加になることが懸念されている。農林水産省の発表では，2010年度にわが国では年間約1,700万トンの食料が廃棄されており，そのうち「食品ロス」は年間約500万～800万トンを占めている（家庭から廃棄される量は約半分）。同省では，食品ロス発生減少の1つの対策として，フードチェーン全体で納品期限を2分の1にするなどの取り組みが必要との考えを示し，2013年に関連業界に協力を呼びかけている。

2000年に制定された「食品循環資源の再生利用等の促進に関する法律」で食品廃棄物のリサイクルに関して対策は進んでいるが，廃棄までの期間を長くし農作物の無駄を省くことで，原単位あたりのもの・サービスが増加し，廃棄物としての環境負荷が減少し，環境効率（もの・サービス／環境負荷）は向上する。LCAの視点では，輸入を中心とした農作物を減量化することで，フードマイレージ，仮想水，化学農薬・肥料など目に見えにくい環境負荷も減少できる。スーパーマーケットにおける食品廃棄物は，「廃棄物の処理及び清掃に関する法律」（以下「廃掃法」とする）では産業廃棄物に該当し，企業による処理・処分が義務づけられていることから，残った商品は処理処分コストが必要となる。ただし，企業によっては，すでに食品廃棄物をメタン発酵（サーマルリサイクル）させたり，肥料化（マテリアルリサイクル）が行われている。賞味期限が迫ったものを値下げ販売するなど，無駄を回避する活動はすでに行われている。

対して，消費者が賞味期限が短い食品を購入し，期限が過ぎてしまって廃棄される可能性は高まる。家庭から発生する食品廃棄物に関しては，廃掃法では一般廃棄物に該当するため処理処分は市町村に義務づけられている。廃棄物の増加（環境効率の低下）は，行政コスト増加になる。企業，行政での食品廃棄物の削減は，それぞれの立場での社会的責任である。

FAO（Food and Agriculture Organization of the United Nation：国際連合食糧

農業機関）の2011年調査の報告では，全世界の消費向けに生産された食料の3分の1にあたる年間約13億トンが廃棄されており，先進国において消費段階で発生する廃棄率が高いとしている。この動向を踏まえて，各国では貴重な食料の効率的な消費が検討されている。フランスでは，2016年2月に「売れ残り食品の廃棄を禁止する法律」が施行され，スーパーマーケットにおいて賞味期限切れの食品の廃棄が禁止されている。廃棄されるはずだった食品はフードバンク（消費期限切れではない食品を生活困窮者などに配給するシステム）などを行う援助機関によって必要とする人々に配られることとなっている。指定規模以上の店舗には，罰則も定められている。

　流通が発展したことで食品の移動も大量になり，移動距離も長くなっていることから，フードマイレージはさらに拡大している。それに加えて，食品ロスが大量に発生すると，環境負荷は急激に大きくなる。エコロジカル・フットプリントは悪化の一途をたどることとなる。3分の1ルールの見直しは，その対策のひとつであるといえる。また，食品の保存技術などの発展や効率的な流通システムなども期待される。食品ロスを減らすために企業が行うべきCSR活動は，経営戦略面においても複数考えられる。また，わが国におけるフードバンクシステムは遅れているため，政府による政策的な取り組みも必要である。

(2) NGO

① コモンズと環境NGO

　環境NGO（Non-Governmental Organization：非政府組織）は，中立的な立場で地域および国際的な環境保護に大きく貢献するようになってきている。各国政府の環境政策や個別企業の環境対策・戦略を客観的に評価できる存在であり，持続可能な社会の構築に重要な役割を持っている。世界で最初の環境NGOは，1866年に英国で設立された「コモンズ保存協会（Commons Preservation Society）」とされている。コモンズ（commons）[*4]とは，共有地，公有地，囲いのない草地などを意味する。

　人類が共用する自然をコモンズとして保全する考え方は，環境NGOの基本的姿勢になっている。その後，さままざな環境の変化に問題意識を持った

NGOが誕生し，1950年代以降の技術開発に伴う国際的な経済成長の影で環境破壊が顕著化すると，利害関係がない立場で解決策を検討するNGOの役割の必要性が明確になってくる。1972年6月に「国連人間環境会議」がスウェーデン・ストックホルムで開催された頃は，環境NGOは，国際会議が開かれている会場の外で自分たちの主張 (slogan) をシュプレヒコール (Sprechchor) で訴えていた。しかし，その20年後の1992年6月に「持続可能な開発」をテーマとして開催された「国連環境と開発に関する会議」では，NGOは会議に参加し，発言権を持ち，新たな提案も行えるようになった。このほかの国際条約制定をはじめ，さまざまな環境保全活動に重要な役割を持つようになり，ブレイクタイム時に政府や産業界など個別機関と交渉するロビー活動も盛んに行っている。

環境NGOの中には，化学物質，汚染メカニズムなどの専門家を擁している団体もあり，環境変化や汚染被害などの科学的な解析を行い，会員へのサービスとしてニュースレターなどを通した解説（情報公開）を実施しているところもある。1980年代に米国ニューヨーク州・ラブカナルで発生した化学工場からの有害物質不法投棄・土壌汚染に対する世論の高まりや，半導体工場から排出される有害物質による地下水汚染などの被害が問題となったときに，一般公衆にとってわかりにくい汚染・健康被害のメカニズムなどを説明し社会的信頼を得ている。環境NGOは，一般公衆の環境汚染に関する「知る権利」および「知る義務」を確保するための重要な存在になっている。企業の環境活動のパートナーとなっているところも複数存在する。

② 政策への参加

世界中に専門家を擁したシンクタンク機能を持った環境NGOも複数存在する。世界各地で被害が発生している気候変動に関しては，「自然資源防衛協議会 (Natural Resources Defense Council：NRDC) がIPCC (Intergovernmental Panel on Climate Change：気候変動における政府間パネル) の検討に専門的知見を提供し協力している。1973年に採択された（「絶滅に瀕した動植物の国際取引を規制するワシントン条約：Convention on International Trade in Endangered Species of Wild Fauna and Flora：通称「ワシントン条約 (CITES)」.）は，「世界保護基金 (World

Wildlife Fund：WWF)」と「世界自然保護連合（IUCN)」の協働でドラフトを作成している。

また，自然そのものの保護に関して，18世紀に英国で詩人ワーズワースが故郷について書いた書物の中で，「うつくしい自然をある種の国有財産」にするべきと記述しており，コモンズから自然公園の発想へと発展してきている。19世紀末には，米国のジョン・ミューア（探検家，作家，政治家）が，国立公園の設立とその自然の保護を提唱し，セオドア・ルーズベルト（Theodore Roosevelt）大統領に約6,000万haにおよぶ森林保護区を制定させている。その後，ヨセミテ国立公園を保護する目的で上流・中流階級の人々の慈善活動から環境NGO「シエラクラブ（Sierra Club)」を設立し，「新たに森林保護関連の法律の制定」，「森林保全地域の設定」，「国立公園の指定，区域の拡大」など成果を上げている。

そして，1972年には，「世界の文化遺産および自然遺産の保護に関する条約」（通称「世界遺産条約」）が採択され，世界遺産基準にしたがい，自然遺産と文化遺産および複合遺産の登録が始まっている。シエラクラブが保護してきたヨ

図3-2 世界自然遺産・米国ヨセミテ

ヨセミテは，1864年に米国カリフォルニア州立公園に指定され，1890年に米国国立公園に指定されている。その後，1984年にユネスコの世界遺産（自然遺産）に登録された。

セミテも世界自然遺産に登録されている。世界遺産は，国際連合が設立したユネスコ（United Nations Educational, Scientific and Cultural Organization：UNESCO）が運営している。自然遺産リストへの登録に際しては，ユネスコの世界遺産センターに推薦された遺産に対して世界自然保護連合が専門調査を行い，その結果を参考にして世界遺産委員会によって年1回開催される「世界遺産会議」で審議され可否が決定されている。

シエラクラブの理事であったデビット・ブラウアー（David Ross Brower）は，シエラクラブの自然保全主義から離れ，「国際的な環境保護のネットワークを作りたい」との考えから「地球の友（Friends of the Earth）」を1971年に設立した。2016年5月現在，世界60カ所以上にネットワークを持つ環境NGOとなっている。日本では，1980年に「地球の友・日本」という名で環境NGOが作られ，2001年に「FoE Japan」と名称を代えている。「コモンズ保存協会」の会員からは，1866年にオクタヴィア・ヒル（Octavia Hill），ロバート・ハンター（Robert Hunter），ハードウィック・ローンズリー（Hardwicke Rawnsley）が中心になって，「歴史的名所や自然的景勝地のためのナショナル・トラスト」（National Trust for Places of Historic Interest or Natural Beauty）［一般的には，「ナショナル・トラスト」（National Trust）と呼ばれる］が設立された。この環境NGOの活動の趣旨である「自然環境，文化施設を市民が保全する」ことは，日本をはじめ各国に広がっていった。

この背景には，以前から国際的に広がっていた「"Think globally‐act locally"グローバルに考え―ローカルに行動する」との基本的考え方が影響していると思われる。地球環境問題対策としては，「"Think locally‐act globally"ローカルに考えて―グローバルに行動する」との考え方も社会一般に浸透してきている（第2章2-2②参照）。

③ **具体的対応**

公害問題の後，環境保全の新たな概念となった「持続可能な開発」が，「世界自然保護連合」，「世界保護基金」および「国連環境計画（United Nations Environment Programme：UNEP）」の三者で1980年に作成した「世界環境戦略

(World Conservation Strategy)」で提唱されている。この考え方に基づき，「持続可能な発展のための世界経済人会議(The World Business Council for Sustainable Development：WBCSD)」で，環境効率性（もの・サービス／環境負荷）の向上が提案され，世界各国の多くの企業が，環境商品の開発など環境効率の向上（省資源，環境汚染・破壊防止）に取り組みを進めている。政府，企業の環境活動へ大きな影響を与えたといえる。また，国際標準化機構（International Organization for Standardization：ISO）が定めた環境規格であるISO14000シリーズは，企業など多くの組織で持続的に行われる環境改善に大きく機能している。

シエラクラブ会員が，カナダで新たに結成した「グリーンピース（Greenpeace)」は，1971年にアラスカのアムチトカ島で地下核実験を行おうとした米海軍にボートを使って抗議し，映像としてメディアを通して世界へ訴え注目を集めた。その他，有害廃棄物の海上焼却，ロシアによる日本海への核投棄など衝撃的な事実を明らかにしてる。「"Out of sight, Out of mind"見えなければ人は覚えない」とのポリシーで活動を行っている。1979年にはグリーンピース・インターナショナル（本部：オランダ・アムステルダム）を設立した。

1960年代に農薬に使用された有害物質DDT（ジクロロジフェニルトリクロロメタン：殺虫剤）の高いリスクを警告するために科学者ファウンダーズ・アート・クーリー（Founders Art Cooley），チャーリー・ウルスター（Charlie Wurster),デニス・プレストン（Dennis Puleston）らが設立したEDF（Environmental Defense Fund）は，1967年から裁判などで争い，DDTの禁止の法律成立に寄与した。

世界の機関投資家が参加して設立したNGO（本部は英国）であるCDP（Carbon Disclosure Project）は，企業に対して気候変動への対策や地球温暖化原因物質の具体的な排出量の状況の情報公開を要請し，その結果を公開している。このプロジェクトは2000年から始められ，質問状は毎年世界各国の多くの主要企業に送られ，回答内容は評価され公表されている。個々の企業のスコアは，投資家が企業の価値を判断する際の指標となり，CSR，SRI（Socially Responsible Investment：社会的責任投資）の面からも重要な情報である。すなわち，前述のスコープ１～３[*5]をはじめ企業の省エネルギー対策，地球温暖

化原因物質の削減対策などが企業経営における重要な視点となってきているといえる。

企業は，CSRとして社会貢献活動をする際に，環境NGOと協働することも多く，中立的な立場での活動が期待される。NGOの中には，政府，企業，産業界，政策に深く係わっているところも存在することから，NGO自体も第三者による審査，または認証が必要と思われる。企業，大学など何らかの組織の中にNGO組織を設立する場合もあり，中立性を確保する仕組みが必要である。

④ NGO認証

「持続可能な開発」が世界に浸透していく中，世界の産業界に具体的な社内の環境管理に注目させることになったのは国際標準化機構が発表した環境規格といえる。環境規格は，まず最初に1996年9月に環境マネジメント規格（Environmental Management Systems：EMS）であるISO14001（仕様），ISO14004（原則と一般指針）が発効され，ISO14001については指定認定機関による審査登録（規格認証）が実施されることとなった[*6]。この認証の有無が企業間の取引の際の要件となることが多い。科学技術の発展が汚染を拡大させ，複雑化している。また，化学的，物理的な測定技術も飛躍的に向上したことで自然環境の変化，環境中での化学物質の挙動が高い精度で確認できるようになってきている。この状況を踏まえて，条約および各国の環境関連規制は，拡大し，厳しくなっている。サプライチェーンをもって生産・販売活動を行う企業は，協力会社がISO14001認証を取得していることが納入される商品の信頼性の重要な視点となっている。国際規格であるため，世界共通の基準として多くの企業で利用されている。

他方，グリーンコンシューマリズムの高まりを背景として，環境負荷が少ない商品について環境NGOが認証を行う第三者認証も普及してきている。商品の環境負荷を減少するための「環境商品認証」には，わが国には（財）日本環境協会が認証している「エコマーク」が最も普及している。ドイツには，1978年から始まった「ブルーエンジェル」があり，海外企業の商品も含め多くの認証製品がある。

図3-3 トラックに付けられたISO14001認証取得表示

一般道を走るトラックにも環境認証取得を示し，会社の環境保全活動をアピールしている。この他，製本パンフレット，社員の名刺に印字されることも多く，認証取得を表示することは一般化している。

個別の商品を対象とした認証も複数の環境NGOで行っている。持続可能な森林保全を目的とした「森林認証制度」には複数の認証団体があり，例えばFSC（Forest Stewardship Council）は，適切な森林管理を認証する「森林管理の認証」と認証製品の生産・流通・加工工程の管理認証「CoC（Chain of Custody）認証」の2つに分けて行っている。この他，PEFC（Programme for the Endorsement of Forest Certification Schemes），CSA（Canadian Standards Association），SFI（The Sustainable Forestry Initiative）などがある。持続可能な水産資源を評価する「マリーン認証」には，水産物を対象とした「MSC（Marine Stewardship Council）認証」，養殖魚を対象とした「ASC（Marine Stewardship Council）認証」がある。MSC認証には，持続可能で適切に管理されている漁業であることを認証する「漁業認証」と，流通・加工過程で認証水産物と非認証水産物が混じることを防ぐ「CoC認証」に分類されており，FSC認証に類似している。

レインフォレストアライアンス（Rain Forest Alliance）認証では，熱帯雨林の保護など生物多様性保全とともに労働環境改善（こどもや女性の違法労働も

含む)も審査している。当該認証マーク(緑のカエルを描いたもの)は,コーヒーショップやコンビニエンスストアで見ることが多い。また,商品の原料に関しても対象となっている。洗剤などの工業製品の原料であるパーム油の持続可能な生産を目的として,世界保護基金などによってRSPO (Roundtable on Sustainable Palm Oil:持続可能なパーム油のための円卓会議)が設立され,「RSPO認証」が始まっている。一方,貿易面からの認証も行われている。OECD (Organization for Economic Cooperation and Development:経済協力開発機構)が1972年に採択した環境政策の指針原則である「汚染者負担の原則(Polluter Pays Principle:PPP)も,「環境保護に関するコスト(環境コスト:社会的コスト)を費やさない商品」による貿易の不均衡を防止するためのものである。ドイツのフェアトレードラベル機構が実施している「国際フェアトレード認証」は,途上国の生産物(農作物や綿など)について先進国企業などによる価格操作を防ぎ,適正な価格での取引を保全するための審査である。途上国の生産者の生活改善や自立も支援している。

これら環境NGOの認証はすでに国際的な評価を得ており,多くの多国籍企業が認証を受けている。人権問題には,環境権も含まれるとの考え方が一般化しており,衛生問題,健康を害するような日照権問題なども人権問題とされる場合もある。環境活動またはCSR活動としてこれからも注目していく必要がある。商品に認証マークを貼附し,一般公衆への認知を高めることによって企業による啓発効果も期待できる。また,社会貢献による他社との差別化ともなる。

(3) エネルギー利用

① 自然が作り出す付加価値と環境負荷

人類は科学技術を発展させ,経済により効率化された社会システムのもとで,より多くの物とサービスを得ることができた。この発展に企業は大きく寄与してきたといえる。しかし,発展に必要な資源を次々と採掘し,商品から廃棄物へと比較的短い時間で変化させてきている。エネルギー利用においては,透明で,目で確認することができない廃棄物である二酸化炭素(気体)を排出している。この環境破壊は,数十年以上経て変化が現れるため,気候変動などリス

クを実感することは少ない．ただし，海面上昇，干ばつ，ダウンバースト・竜巻，洪水，雹（比較的大きな拳大の氷の降下もある）などによる被害は，世界の各地で発生しており，特定地域には大きな被害を及ぼしている．

　再生可能エネルギーは，「環境にやさしい」といった極めてあいまいな表現でイメージが作られているが，発電で使用する場合は膨大な人工物を使用しなければならない．洗濯物，布団を日光で乾かしたり，自然の露天風呂に入ったりすることは，太陽または地球のエネルギーを効率的に利用しており，環境負荷はほとんど生じない．しかし，太陽光，風，地熱，温度差，潮力（月の引力），波力（風）など，一次エネルギーを二次エネルギーの電気に変換するには，多くの人工物と場所・空間が必要になる．水車，風車などの動力利用，温泉水，地熱（冷熱を含む），冷熱（雪氷など）の熱利用においても，人工物と場所・空間が必要になる．時間的広がりを考えると，メンテナンス，施設・設備自体の寿命による立替（代替），運転時，廃棄時の設備など廃棄物処理も必要になる．さらに火力など他のエネルギー利用設備と比べ，自然を利用する再生可能エネルギーによる発電設備などは比較的寿命が短い．太陽光発電や風力発電などは1つひとつの設備に電子回路など電子部品が必要であり，屋外の厳しい環境中に設置されていることから，まず電子部品の劣化故障によるエネルギー生成効率の低下が考えられる．

　また，一施設で生産されるエネルギー量が極めて少ない（エネルギー密度が低い）．したがって，廃棄までに生産できるエネルギー量（サービス量）は非常に少なく，一ライフサイクルにおける環境効率（生産されるエネルギー総量／（環境負荷〔設備・メンテナンス，資源消費〕＋施設の設置などにおける自然の喪失））は，環境条件での変化があるがあまり高くなるとは考えられない．

　安易に再生可能エネルギーは「環境にやさしい」と考えると，却って環境負荷を高めることになる．

② **地球が持つエネルギー**
　約46億年前の地球の誕生は，宇宙に無数に散らばっていた物質が引力で引かれ合って次々と衝突，くっつき合い現在の惑星になった．その際に物質が持っ

ていた運動エネルギーが熱エネルギーになり、地球は誕生から約5億年は灼熱の状態だったと考えられている（融解状態だったため岩石などに記録がない）。現在は地殻部分が冷却され生物も生息できるようになったが、地下には未だに莫大な熱エネルギーが存在する。火山の爆発などで噴出するマグマ（溶岩）には、その熱によってさまざまな鉱物が溶け込んでいる。岩漿ともいわれる。この熱エネルギーは、地下水を沸騰させ間欠泉を吹き差し、世界各地に温泉を作り出している。

人類は、すでにこの熱エネルギーを入浴施設などに利用している。また生産井から水蒸気（熱エネルギーを）を人工的に吹き出させ、タービンを回し発電も行っている。日本には2,600カ所以上の温泉があり、温泉地では冬の融雪水に利用したり、暖房、農作物の温室に利用したりしている。なお、地球の中心の温度は、約6,000℃程度と推定されており、地熱資源は一般的に地下約5キロメートルまでから汲み上げられるものをいう。

図3-4 地熱発電所（冷却塔と硫化水素除去設備）：福島県河沼郡柳津町

写真の東北電力柳津西山地熱発電所では、1基当たりの発電設備としてはわが国で最も大きい65,000kWの発電能力がある（2016年5月現在）。この規模で26万人程度の人口の都市へのエネルギー供給が可能である[7]。

地熱発電は、原子力、火力（天然ガス、石油、石炭など）のように、核反応や燃焼反応を人工的に行わなくても直接熱を得ることができるメリットがあり、わが国のようにエネルギー資源がほとんどない国にとっては、貴重なエネルギー源である。また、太陽から得られる他の自然エネルギーと異なり天候・気

候の変化に左右されないため，比較的安定した電力を確保することができる。2014年4月に閣議決定されたわが国のエネルギー基本計画[*8]では，ベースロード電源に指定されている。

　自然への影響を最小限に抑えるために，(生産井[蒸気の吹き出し口]から)汲み上げた熱水は，河川水などで冷却(復水器)した後，また地下(還元井)へ戻しリユースし，地下水の減少など自然への影響を抑えている。この対策を行っていない海外の地熱発電所では，地下水枯渇が問題になっている例がある。また，熱水が酸性泉の場合，硫化水素(腐卵臭を発し，常温で無色の気体である)が含まれ，設備などの金属を腐食する。人体に対しても有害性が高い[*9]。したがって，地熱発電所には，硫化水素除去装置が不可欠となる。

　硫化水素は，装置自体(ロータなど)を腐食し，蒸気の成分に含まれるスケール(Ca，Si：不純物)は配管を詰まらせるため，定期的に施設全体をメンテナンスしなければ継続的な発電はできない。生産井からはヒ素など他の有害物質が組み上げられる可能性があるため，環境汚染防止対策も重要である。住宅の近くにある地熱発電所では，発電時の騒音も問題になっている。

　一方，温泉地では，空気より重いイオウ酸化物(硫化水素が酸化したもの)は，土地のくぼみ(雪のくぼみなども同様)などに溜まり，まれに事故が発生している。くぼみの中は酸欠状態であるため，失神し，その後死亡に至るケースもある。那須湯本温泉の妖怪伝説(九尾の狐・殺生石伝説)は，イオウ酸化物の噴出ため周辺の草花・微生物が死滅したことで創られたと考えられる。さらに，イオウ酸化物は水分と反応し硫酸となるため，人体へのリスクが極めて高い。上空に排出されると大気汚染物質のソックス(SOx)となり，酸性雨の原因物質でもある。また，地球の内部の変化である火山の爆発や地震および地震に伴う津波などは，科学的に予測がつきにくいことから，災害の想定が難しいデメリットがある。

　ラドン泉といわれる温泉もあるが，温泉水から発生するラドン(Rn)とよばれる気体は放射性物質であり，放射線被曝のリスクがある。低レベルの放射線による健康影響は，急性的に現れるものではなく，長期間を要して被害が発生する慢性的影響である。汚染による被害を自覚することは難しい。ただし，

ラドンなどによる低い放射線による被曝は,「一時的な低線量の放射線照射で,体のさまざまな活動を活性化する」とするホルミシス効果といわれる学説もある。ラドン温泉やラヂウム温泉といわれる温泉もあり,温泉法でも,温泉含有物の定義として「ラドン(Rn),ラヂウム塩(Raとして)」が定められている。自然科学的解析による明確な健康影響の解明が待たれる。

他方,原子力エネルギーも地球に存在する放射性物質であるウラン235,またはプルトニウムに中性子を照射したり,水素を核融合(太陽光と同じ)させ,核反応を人工的に起こし大きなエネルギーを生成することができる。この核反応の際,および使用済核廃棄物からは,有害無益の放射線が発せられる。また,2011年3月に起きた福島第一原子力発電所の事故のように,核反応のコントロールができなくなると,放出された放射性物質によって甚大な被害が発生する。発生の確率を極めて小さくしても,ハザードが膨大であるため,リスクの大きさを予想することは困難である。

企業が地熱発電所,または原子力発電所から電気の供給を受け,スコープ2の対処として二酸化炭素の発生を抑制しても,他の有害物質の環境負荷が増加する可能性があり,必ずしもよい結果を得ることはできない。種類の違う環境汚染・破壊の大きさを定量的に比較することは難しい(さまざまな考え方・見方がある)が,環境活動の一環として発電の種類による環境への影響を確認し,電力調達を検討する必要がある。また,温泉に含まれる複数の化学物質(レアメタルなど金属)から資源となるものを抽出する開発も行われており,別の面からのメリットも注目されている。地球内部の自然現象は,科学的に解明されていない部分が多いため,不明確なリスクを解析し回避していくことが重要でである。デメリットの部分の対処を十分に検討し,地球が持っているエネルギー,物質を有効に利用していくことが期待される。

なお,廃棄物を直接燃焼または発酵させて生成するメタンガスまたはアルコールをエネルギー利用したり,下水の温度差を利用して発電などを行う場合もある。このようなエネルギーは人為的に発生したものであるが,人が廃棄したものはどのような化学物質が含まれているのか明確に把握されていないことが多いため,副次汚染のリスクを確認する必要がある。また,食品廃棄物など

を発酵させ，燃料として利用していた設備が発火・爆発事件を起こした例もある。環境効率を向上するために環境活動を計画しても，周辺住民などへ不安を与えてしまうと，社会的にネガティブな行為となってしまうため注意を要する。

③ 宇宙から得られるエネルギー

地球上の自然エネルギーのほとんどは太陽光に由来しており，熱エネルギー（赤外線：infrared rays）として直接利用するほか，風（力），波（力），海洋温度差，雪氷（冷熱），水力など，自然現象を利用するものがある。月の引力を利用する潮力エネルギーもある。

しかし，紫外線（ultraviolet rays）は強いエネルギーを持ち，皮膚がんなど健康被害を引き起こさせる。オゾン層が紫外線を吸収することによって，陸上の生物は生存することができる（水深10m以上でも遮断することはできる）。超新星（supernova）の爆発などを起源としている宇宙線（cosmic rays）も，放射線（粒子線，ガンマ線）で大きなエネルギーを持つことから，そのまま地上に到達すると生物に大きなダメージとなる。しかし，地球には磁場が存在することで電荷を持った粒子線は両極に曲げられ，ほとんど地上に到達することはない。紫外線も宇宙線も生物を生息できなくするものであるが，地球が持つ自然メカニズム（オゾン層による吸収）によって防御されている。また，地球の大きさも，大気をひき留めておくためのほどよい重力を持っている。地球に現在の生態系が生まれたのは，複数の偶然が重なった結果である。この数億年の間に，環境の変化で何度も絶滅の危機に瀕しながら，生物が生き続けていけたのは極めて幸運だったといえる。しかし，宇宙に存在する惑星は，生物が生息できない環境がごく普通であるため，現在の地球の自然は非常に壊れやすいナイーブな存在である。環境活動はこの脆い自然を維持するために行っているもので，環境保護の結果は経済的な指標のように短期間の変化で分析することは困難である。

このような自然環境の中で，光合成は太陽光によるエネルギーで葉緑素が水と二酸化炭素からバイオマス（炭素の固定化）を生成し，地球に生物が生息できる要因を作り上げた。地球の気温も，大気中の水蒸気と二酸化炭素などの赤

外線の吸収によって維持されており,太陽光から供給されている。太陽光を作り出している光は,太陽の表面で行われている核反応（核融合）で作られているもので,表面の温度は約6,000℃,その上層（彩層）の数千kmで30,000℃,その上の太陽の半径の数倍までに広がるコロナは約100万℃,それより高いところは220万℃に達していると考えられている。太陽は太陽系の惑星も含めた質量の約99.9％を占めていることから,地球は太陽系の中の質量のごくわずか（太陽の質量の約33万分の1）にすぎない。地球と太陽の距離は,約1億5,000万kmもあり,太陽が発する莫大なエネルギーのほんの一部によって地球の生命が育まれている。

　宇宙で起きる現象は周期的で,物理現象の解析でかなり正確な予測が可能であり,地球に到達するまでのエネルギーは,ほぼ算出することができる。大気圏外で行われる太陽光発電は,気象の影響を受けないためエネルギーの生産量を比較的正確に計算できる。前述の地球が持つエネルギー（地熱）や大気が存在することによって気象変化を伴う自然エネルギーは,経験値などに基づいた予測に頼ることとなり,需要に応じた安定した供給を確保するには,スマートグリッドなど新たな供給体制・システム・技術が必要となる。

　人工的にコントロールし巨大なエネルギーを生み出す原子力,火力のエネルギーの調達をそのまま自然エネルギーに置き換えるには,さまざまな無理が生ずる。最も大きな障害は,バイオマス（森林など）以外の自然エネルギーは,エネルギー密度が非常に小さく莫大な設備,土地を必要とすることである。また,バイオマスも生物が作り出しているものであるので,生成（成長）するまでに長い時間を要する。これら自然エネルギーで従来のエネルギー供給を行う場合,広大な自然が消失するおそれがある。自然生態系全体を考えると環境破壊の要因となる。自然エネルギーは再生可能であることがメリットであるが,自然そのものを喪失してしまうと本末転倒である。自然エネルギーを利用する場合は生産できるエネルギーの量を考慮し,自然への影響を事前に検討し,そのエネルギーの用途を検討する必要がある。自然エネルギーを単純に導入することが環境活動とはいえない。エネルギー供給の手段であることのみを計画している場合は,「環境にやさしい」といった間違ったイメージや環境活動に位

置づけることは妥当ではない。もっとも，災害時のエネルギー供給源と位置づける場合は，目的が異なるため計画性を持ったメンテナンスなどが必要である。自然エネルギーを利用しているとは限らないが，燃料電池は水素還元が行われることから耐久性がよく，すでに以前より非常用電源として使用されいる。

今後，安定した電力供給には効率のよい電池の開発も必要であり，重要な環境商品といえる。

④　水素エネルギー

水素は製鉄業や化学プラントで副生成物として発生しており，電解質を含む水溶液に直流電流を流し電気分解することによって生成することができる。石炭をガス化する場合などでも生じる。また，宇宙に最も豊富に存在する元素である。水素（H_2）は酸化すると爆発・火災の危険もあるが，生産工程で発生した水素を直接熱エネルギーとして使用している工場もある。なお，水素は酸化されることで反応物を還元することから，腐食を防止する性質もある。

また，水素は，酸化する際に電子を生成することから発電が可能であり，この電気エネルギーを生成する装置を燃料電池という。この反応は発熱反応であるので，電気の発生と同時に熱の生成も行われる。

$$H_2 \;+\; (1/2)O_2 \;\xrightarrow{e^-(電子)}\; H_2O \;+\; Q(発熱)$$

新たな供給源　　空気中から　　飲み水　　熱源（給湯など）
が必要　　　　　供給可能　　　湿気　　　ヒートアイランド助長

燃料電池の原理は，1839年にグローブ（W.R.Grove）が発見したが，発電効率が悪く，実用化までは時間がかかっている。電解膜の開発などで発電能力は格段と上がり，1960年代に米国の宇宙船（アポロ計画）に利用され，人工衛星など宇宙開発に普及していく。電気と同時に熱および人の生存に必要な水が生成できることから，宇宙船での利用に適していた。1965年から1966年のアポロ計画で実験が行われたジェミニ宇宙船では，米国ゼネラル・エレクトリック社が開発したイオン交換膜を電解質に利用した1kWの固体高分子型燃料電池が

搭載された。その後，原子力潜水艦やスペースシャトルの電源にも使用されている。

　生活への電力供給としては，大型の燃料電池による発電所，燃料電池車，都市ガス供給（メタンによる水素供給）を利用した家庭用燃料電池，携帯用電子機器電源（パーソナルコンピュータ，携帯通信機器など）などの実用化・普及が政策的に進められている。電池として利用する場合，水素源の供給を続けること（カートリッジ交換など）で半永久的に電源を確保することができる。発電効率向上の研究開発も進み，他の発電に比べ非常に高い効率が期待できる[*10]。

　汚染物質や二酸化炭素の直接排出がなく，環境保護のイメージが高く，燃料電池に関した装置を導入することで，CSRとして評価される可能性がある。市場の形成，啓発としての社会貢献も期待できる。しかし，デメリットの部分も事前に把握しておく必要がある。

　水素の生成には，炭化水素類から水素を取り出す方法が効率的で，天然ガス，ガソリン，ナフサ（原油の蒸留で得られる油分），メタノール，LPG（Liquefied Petroleum Gas：液化石油ガス）を分解して創られることが多い。分離された炭素部分は，酸化され二酸化炭素（地球温暖化原因物質）となり大気中の環境負荷を増大させることが懸念される。なお，二酸化炭素の回収・貯蔵（Carbon dioxide Capture and Storage：CCS）技術や光合成など炭素の固定化が図れれば，負荷は減少する。

　供給される水素源が，自然を破壊しないで建築された再生可能ネルギー製造設備で電気分解されたものであれば，環境負荷は極めて低いといえよう。なお，中東など乾燥地域で淡水があまり得られない国では，再生可能エネルギーで生成した水素によって燃料電池を稼働させ，水（飲み水），電気，熱を効率よく生成，消費することを計画している

　他方，熱利用がうまく図られなければ，大量の電気を消費する大都市で，さらに燃料電池によって熱を新たに発生させてしまうこととなり，ヒートアイランドを悪化させる可能性がある。すなわち首都圏から遠く離れたところにある火力・原子力発電所で排出していた温排水などの熱が都市に移動することとなる。また地方に大型の燃料電池を作れば，以前の発電と同様になる。家庭用，

自家発電用に開発されたものは，HEMS（Home Energy Management System：家庭用のエネルギー管理）と組み合わせて効率的にエネルギー利用が図られている。しかし，燃料電池の発電時には，電気より熱として得られるエネルギーが約1.5倍もあり，多すぎる熱利用の用途が見つからずネックとなっている。給湯や熱の貯蔵も行われているが十分な効率には至っていない。

今後，水素エネルギーの利用は国際的に普及していくことが予想されるが，水素の製造，熱利用の方法など，環境負荷を発生させる原因についての対処を検討していかなければならない。電気エネルギーを水素として貯蔵（電気分解）できるメリットは大きく，水素ガスを高圧ボンベに貯蔵させたり，水素吸蔵合金に貯めるなど方法がある。また，エネルギー密度も比較的大きいことから，応用研究での用途開発の行方を把握しておく必要がある。

(4) 人材育成

① 公害防止

環境活動をするうえで，人材育成は欠かせないものである。環境は，あまりに身近に存在し，多岐な学術分野に関連しているため，人によってその捉え方は異なる。環境分野に関した明確な切り分けをし，体系化する必要がある。多くの専門家を養成し，大きな成果を上げた分野として公害対策がある。公害被害を防止するという明確な問題意識があったため，複数の分野の技術者，研究者，法律家などによって，それぞれの分野から問題解決策を進展させた。そして，「特定工場における公害防止組織の整備に関する法律」で国家資格者（公害防止管理者，公害防止主任管理者，公害防止統括者）[*11]が定められ，資格取得のために行政の関連組織および民間団体によって講習会が行われ，社内教育も進んでいる。対象となる公害は，ばい煙，汚水または廃液，著しい騒音，特定粉じん，一般粉じん，著しい振動，ダイオキシン類などである。

他方，有害物質の環境中への放出や騒音・振動などの状況を把握するために，再現性がある（再度行っても同じ結果となる）方法で正確な定量的測定をする必要がある。法律に基づく公害防止にかかる測定は，「計量法」に定められている「環境証明事業」について，都道府県知事の登録を受けたものおよび特定

の法規定を満たした独立行政法人によって実施されなければならない。計量証明の事業の登録を都道府県知事に申請する際に,国家資格である「環境計量士」[*12]の存在が登録要件として必要となる。測定の対象は,大気(大気中に放出される気体を含む),水または土壌(水底の堆積物を含む)中の濃度,音圧レベル,振動加速度レベルである。分析方法は,個別の化学物質,物理的現象などについて日本工業規格(Japanese Industrial Standard:JIS)または法細則で定められている。公害防止管理者と同様に,資格取得のための講習会が行われている。

これら講習などを受けた国家資格者が測定を行うことで,企業が自主的に行う環境分析結果に信頼性を高めることができる。例えば,PRTR制度である「特定化学物質の環境への排出量の把握等及び管理の改善の促進に関する法律」に基づき,企業が自主的に行った環境測定結果の正確性やCSRレポートで公開する環境対策の妥当性などが挙げられる。

② 省エネルギー

省資源は,環境効率を向上させる環境活動として合理的な対処といえる。エネルギーの効率を向上させる省エネルギーは,化石燃料の燃焼による有害物質,二酸化炭素の発生,原子力発電で発生する放射線および放射性廃棄物などを抑制することができる。省エネルギーは,そもそもエネルギー政策上の燃料確保(単位量あたりの燃料のサービス量拡大)が目的であったが,サービス量を減らさず消費燃料を減量できることで環境負荷が減少する。

わが国の省エネルギー政策(エネルギー管理政策)は,1951年から熱管理法が制定され,1973年,1979年に発生したオイルショックで国際的にエネルギー供給が混乱した際に,「エネルギーの使用の合理化に関する法律」(1979年制定:以下「省エネルギー法」とする)を制定し,政府としての省エネルギーに関する一定の判断基準を設定した。

米国では,2009年2月に政府は景気刺激策の一環として「米国再生再投資法(American Recovery and Reinvestment Act:ARRA)」を制定し,スマートグリット(smart grid)を推進した。本法に基づき,エネルギーの安定供給およ

び環境保全と同時に雇用創出を目的として，エネルギー密度が低いが再生可能な太陽光発電，風力発電など新エネルギーの拡大と，省エネルギー事業の活性化が図られている。スマートグリッド政策は，わが国でも注目され，コンパクトシティや都市の省エネルギー対策に取り入れられている。なお，スマートグリッドとは，電力供給について停電などを極力防ぎ，信頼性が高く，効率的な送電を行うための賢い（smart）総配電網（grid）のことをいい，米国では情報通信技術およびネットワーク技術を駆使して，個々の家庭の電力消費状況をスマートメーターで管理し，関連のインフラストラクチャーの整備などを行っている。米国が当時進めていたグリーンニューディール政策の１つである。

　わが国の省エネルギー法では，経済産業大臣によって「工場等におけるエネルギーの使用の合理化の適切かつ有効な実施を図るため，エネルギーの使用の合理化の目標及び当該目標を達成するために計画的に取り組むべき措置に関し，工場等においてエネルギーを使用して事業を行う者の判断の基準となるべき事項を定め公表」（第５条）されることが定められている。なお，省エネルギー法は，2013年に建築物の省エネルギーも含む改正（「建築物のエネルギー消費性能の向上に関する法律（平成27年法律第53号）に基づく建築物エネルギー消費性能基準等を定める省令」など制定）が行われ，「エネルギーの使用の合理化等に関する法律」に改正された。法律名称に「等」が付け加えられ，対象としている範囲が拡大された。

　また，一定規模以上の事業所には，省エネルギー法によって「エネルギー管理員」，「エネルギー管理士」（国家資格）の選任が義務づけられている。エネルギー管理士とは，エネルギーを消費する設備の維持，エネルギー使用方法の改善，監視などを実施する。さらに，法令で指定する業種でエネルギーの使用量に応じて，エネルギー管理士の中からエネルギー管理者を選任することも定められている。別途，法令の定めにより指定の業種，規模の事業所には，エネルギー管理企画推進者の選任も義務づけられている。

　省エネルギー法によって，事業所の省エネルギーに関する人材育成が図られている。関連機関による講習会も頻繁に行われており，個別企業の社員に専門家が養成されている。企業それぞれの省エネルギー計画，対策に貢献している

と考えられる。

③ 専門家の養成と環境教育

1996年9月に環境省より告示された「環境カウンセラー登録制度実施規程」では，「環境カウンセラー」の登録が定められている。環境カウンセラーは，環境保全に関する知識を持ち，環境保全に関するカウンセリングを行うことが期待されている。登録には，環境省傘下の機関によって試験が行われ，合格者が登録されている。定期的に研究会を行い，毎年各カウンセラーの活動報告が行われている。登録は，市民を対象とした「市民部門」と企業・産業界を対象とした「事業部門」に分かれている。企業が行う一般公衆への社会貢献活動，事業所に関する環境活動に関して客観的な視点でコンサルティングが受けられる可能性がある。

その後，制定された「環境の保全のための意欲の増進及び環境教育の推進に関する法律」(2003年公布，2004年施行：以下「環境教育推進法」とする)では，環境保全に関する知識および環境保全に関する指導を行う能力を有する者を育成または認定する事業を行う国民，民間団体等は，その事業について，主務大臣(環境省，文部科学省，国土交通省，農林水産省，経済産業省)の登録を受けることができることとし，これに必要な手続き等を定めている。これには，2002年6月に「国連環境と開発に関する会議」から10年後の点検として南アフリカ・ヨハネスブルクで開催された「持続可能な開発に関する世界首脳会議」の後，同年12月に「国連持続可能な開発のための教育(Education for Sustainable Development：以下「ESD」とする)の10年(2005～2014年)」が採択され，「環境教育推進法」に基づき，政府，環境NGO，国連機関および企業の協力のもと進められた。ESDは，環境，貧困，人権，平和，開発に関する課題解決を身近なところから取り組むことを基本としており，前述の"think globally - act locally"の考え方がベースとなっている。この活動のイニシアティブは，ユネスコが行っている。

図3-5　児童，生徒への環境教育（ポスター「未来のゴミ箱」）

小学4年生が描いた未来のリサイクルロボットの絵である。環境教育の推進により，幼い頃からの意識づけが進んでいる。自然科学，社会科学，人文科学の多方面からの養育プログラムが進められている。

「環境教育推進法」は，2011年6月に全面改正され，名称も「環境教育等による環境保全の取組の促進に関する法律（通称：環境教育等促進法）」と改められ，2012年10月に施行されている。基本理念（第3条）に「‥循環型社会を形成し，環境への負荷を低減すること‥」（第1項），「‥自然体験活動その他の体験活動を通じて環境の保全についての理解と関心を深めることの重要性を踏まえ，生命を尊び，自然を大切にし，‥」（第2項）と対象としている範囲を拡大した。また，行政への民間団体の参加と協働を推進するための規定，地方自治体による環境教育・協働取組推進行動計画の作成や地域協議会の設置などが新たに定められた。また，ESDの10年はすでに終了しているが，ユネスコが中心となって継続的なプログラムが進められている。企業が環境活動または社会貢献活動（教育，啓発活動）として参加することで，より具体的な成果が期待できると考えられる。

また，インタープリターの養成も望まれる。インタープリターとは，「インタープリテーション／自然に限らず，文化，歴史などをわかりやすく人々に伝える」を行う案内人のことで，観光などのガイドとは異なり単に対象に関する

知識を伝達するだけではなく，隠れたメッセージや解釈の仕方なども伝える技術が求められる専門家である。環境教育の推進にも重要な存在である。自社林の管理，植林活動，敷地内でのビオトープ設置などを行っている企業では，環境教育の推進を目的として独自にインタープリターを養成することで，生物多様性保全に貢献することとなる。積極的な環境活動である。

　他方，産業界でも，東京商工会議所が主催する民間資格である「環境社会検定試験（通称：eco検定）」も，一般公衆の環境保護に関するレベルアップに大いに貢献している。さまざまな検定が行政，産業団体，NGOなどによって行われ，一般公衆の知的欲求を刺激しており，文化，社会的知的財産の保全，人材育成に寄与している。eco検定の場合，企業や関連組織の環境保護に関する人材育成の一環となっているところも多い。eco検定の受験を促している企業も多く，CSRレポートで社会の検定取得者数を公表しているところもある。企業の積極的な環境活動の姿勢を示す方法となっている。学生で環境学習の一環で取得する者もおり，自発的な個人の環境保全知識の向上，啓発の役割も果たしている。

≪より深く学ぶために≫

＊1　カネミ油症事件

　この事件では，カネミ倉庫製のライスオイル（食用油）の製造工程中で設備内で使用されていたカネクロール（鐘淵化学が販売したポリ塩化ビフェニル［PCB］を主成分とする熱媒体）が混入し，この汚染したライスオイルを食用として摂取した多数の人々が皮膚，内臓，神経などの疾病を伴う全身性疾患の被害を受けている（カネミ油症損害賠償事件：福岡高判昭和61年5月15日・判時1191・28）。加害者は，販売会社だけではなく，汚染原因となった原料物質のメーカーに対しても責任（製造物責任）が争われている。PCBは，肝臓障害，色素沈着および胎児へも影響等有害性が高い物質であるが，使用者（ライスオイルメーカー）はその有害性を認知していなかった。

　判決では，「合成化学物質の製造者としては，需要者の側で一定の使用条件を設定確保し適切な物品管理を行うことを期待し得る場合においては，かかる需要者に当該化学物質を供給することを妨げないものというべきである。ただ，その場

合には，需要者に対して右物質の毒性を含む諸特性およびこれに応じた取扱方法を周知徹底させ，その使用が一定条件のもとにおいてのみ安全であることを警告すべき注意義務を負担するものといわなければならない」と述べており，原料メーカーからPCBについて特性の告知およびリスクの警告，すなわちSDSの提供を安全注意義務としている。情報公開の欠如が被害の原因であると判断されたものであり，その後の化学物質のリスク対処推進に大きな影響を与えた判例といえる。

その後，PCBは「化学物質の審査および製造等の規制に関する法律」によって特定化学物質に指定され，製造・輸入・使用が規制され，1972年以降生産は行われていない。わが国に残っている既存のPCBについては，「ポリ塩化ビフェニル廃棄物の適正な処理の推進に関する特別措置法（2003年施行）」に基づき処理が進められている。

また，残留性有機汚染物質条約（POPs条約：日本は，2002年8月に批准）の規制の対象にもなっており，国際条約においても使用中のPCBは2025年までに廃止することを決めている。当該条約は，毒性，難分解性，生物蓄積性および長距離移動性を持つ残留性有機汚染物質から人の健康を守り，環境を保全することを目的としており，2001年5月に採択され，2004年2月に発効している。規制対象となっている残留性有機汚染物質POPs（Persistent Organic Pollutants）は，アルドリン，クロルデン，ディルドリン，エンドリン，ヘプタクロル，ヘキサクロロベンゼン，マイレックス，トキサフェン，PCB，DDT，ダイオキシン類・ジベンゾフラン，ヘキサクロロベンゼンとなっている。製造，使用の原則禁止が定められている化学物質は，アルドリン，クロルデン，ディルドリン，エンドリン，ヘプタクロル，ヘキサクロロベンゼン，マイレックス，トキサフェン，PCBであり，製造，使用が制限されているものは，DDT（マラリア対策用のみ対象外），非意図的生成物質の排出削減が定められているものは，ダイオキシン類・ジベンゾフラン，ヘキサクロロベンゼン，PCBである。

＊2　HACCP：ハサップ

食品の安全管理方式として1989年に米国食品微生物基準諮問委員会によって開発された手法で，1993年にFAO/WHO（Food and Agriculture Organization of United Nation/World Health Organization）によって「Guideline for the Application of the HACCP」で発表されたことにより国際的に導入された。この管理では，原料の入荷から製造・出荷までの工程で危害を予測，監視し，対策が講じられる。監視は，抽出された重要管理点について継続的に記録され，異常が認められた場合，即時対策を実施するシステムとなっている。FAO/WHOのガイドラインに述べら

れているHACCPの「7つの原則」を次に示す。

> 原則1：原材料から消費のすべての段階で発生する危害を明確化する。それぞれの危害の発生の可能性を評価し，管理のための防除の手段を示す。
> 原則2：危害を排除，または発生の可能性を最小限に抑えるために，重点管理点を定義する。
> 原則3：危険度の限界基準を設定する。
> 原則4：予定されたテストまたは観察に基づいて，重要管理点の管理状況を監視するシステムを確立する。
> 原則5：重要管理点が管理から外れていることを監視システムで確認したときに，正しい行動をとれるようにする。
> 原則6：HACCPシステムが正常に機能していることを確認するための補足試験や手続きを含む検証手続きを確立する。
> 原則7：これら原則及びその適用に関するすべての手続き，記録を文書化する。

　この安全管理手法は，2003年に改正された食品衛生法（第7条の3）で，総合衛生管理製造過程（製造又は加工の方法及びその衛生管理の方法につき食品衛生上の危害の発生を防止するための措置が総合的に講じられた製造又は加工の過程をいう）の承認制度が更新制となり，HACCP承認施設であっても特に衛生上の考慮を必要とする食品など（乳製品など）の製造・加工を行う営業者は食品衛生管理者を置かなければならなくなった。

＊3　賞味期限

　賞味期限（Best-before）とは，「定められた方法（開封していない状態，冷蔵など）により保存した場合において，期待されるすべての品質の保持が十分に可能であると認められる期限を示す年月日をいう。ただし，当該期限を超えた場合であっても，これらの品質が保持されていることがあるものとする」とされており，腐敗などで食べられなくなる期間ではない。なお，消費期限（Use-by date）は，「定められた方法により保存した場合において，腐敗，変敗その他の品質の劣化に伴い安全性を欠くこととなるおそれがないと認められる期限を示す年月日をいう。」と示されている（農林水産省HP　http://www.maff.go.jp　（2016年4月閲覧）より）。

　食品は，バイオマスであるため消費されてもカーボンニュートラルであり，大気中で温室効果ガスである二酸化炭素濃度を高めることはない。光合成で気体の二酸化炭素を固定化（有機化合物）していることからカーボンニュートラルとなるが，農作物の生産を増やすことで水の調達も増加するため，水（淡水）不足が生態系の破壊を招いたり，人の生活を脅かす問題も発生している。国際取引における農作物の移動では，仮想水も問題となっている。また，バイオマスは食料の

他にもエネルギー利用，材料利用（サトウキビのバガス［絞りかす］の繊維部分など）も可能であることから，廃棄された食品は再利用も実施されている。可能な限り食品ロスは減少させることが最も効率的であり，その状況に応じて，必ず発生する廃棄物のリサイクルも同時に計画的に検討していく必要がある。

＊4　コモンズ

　コモンズの考え方が創られた英国では，13世紀以前まで封建領主や国王は，自分が持つ領土の一部について庶民が共用することを許しており，その土地をコモンズと呼んでいた。その領地内では，各地域別に慣習法があり，裁判もそれぞれの地域で行われていた。なお，当時の慣習法は，慣習（風習）に基づいて制定した法で，法的効力も認められている。地球温暖化による気候変動では，コモンズである環境（大気）の物質バランスの変化（二酸化炭素など地球温暖化原因物質の大気中での存在率の増加）として捉えることもある。そのほかの環境汚染・環境破壊も，コモンズの悲劇といえる。

＊5　スコープ

　WBCSD（持続可能な発展のための世界経済人会議）とWRI（世界資源研究所）が中心となって世界の企業，環境NGO，政府機関などで構成される会議「GHGプロトコル（Greenhouse Gas protocol）イニシアティブ」で「GHG算定基準」が発表されている。この基準が国際的なガイドラインとなり，各国の企業のLCAが整備されつつある。「GHGプロトコルイニシアチブ」は，1998年に発足され，2001年9月に「GHGプロトコル」の第1版を発行した後，GHG排出に関するライフサイクルマネジメント（LCM）において次に示す3つの分類で計算する手法を提案している。

　①スコープ1（scope 1）

　　企業が自社で使用する施設や車両（移動）から直接排出した量。

　②スコープ2（scope 2）

　　企業が自社で購入した電力や熱など，エネルギー利用による間接的な排出の量。

　　　※電力は，政府から電力会社毎に発表される化石燃料使用率（温室効果ガス排出係数［$t\text{-}CO_2 / kWh$］）を乗じて算出する必要がある。

　③スコープ3（scope 3）

　　サプライチェーンを含めた広い範囲を対象にした排出量。

＊6　ISO環境規格審査

　　国際標準化機構のISO14000シリーズにおける環境マネジメントシステムの仕様を定めたISO14001では，認証制度が定められている。ISO14001認証取得は，企業の協力会社・下請け会社に対するグリーン調達時においても重要な評価項目である。ただし，認証取得した企業は，PDCAシステムに基づき継続的に環境改善に取り組んでいかなければならない。審査登録の後は，毎年約１回実施されるサーベランスと３年ごとの更新審査が実施される。自社内に環境規格に関する審査員補，審査員を養成している企業もある。これら資格を得るには，国際標準化機構の指定を受けた審査員研修機関が行う研修を受けなければならない。資格を得た者は，企業経営に重要な環境規格に関する知識を取得することができる。

＊7　地熱発電の発電容量

　　地熱発電施設の規模は，世界では数千kWから数万kWのものがすでに数多く作られている。わが国で現在建設されているものは２～３万kWのものが中心で，産業技術総合研究所の試算によると，５万キロワットの設備で約20万人程度への電力供給が可能であることが示されている。わが国の最も大きな規模の地熱発電所は，九州電力の八丁原にあるもので，55,000kWの発電設備が２基あり，バイナリーサイクル発電による約3,000kWを合わせると113,000kWの発電能力がある（2016年５月現在）。

＊8　エネルギー基本計画

　　「エネルギー政策基本法」（政策法第12条３項）に従い，経済産業大臣が関係行政機関の長の意見を聴き，「総合資源エネルギー調査会」の意見を聴き，わが国の「エネルギー基本計画」案を作成し，閣議で決定されることとなっている。この計画は，経済産業大臣によって国会へ報告され，すみやかに国民に公開される（第12条４項）ため，当該法の制定以前と異なり，政府のエネルギー政策の大枠を一般公衆も確認できるようになっている。なお，ベースロード原電としては，地熱発電の他，原子力発電も指定されている。

＊9　硫化水素の有害性

　　生体影響に関しては，急性毒性として，刺激性・腐食性（眼・上気道，気管支，肺胞・肺水腫），窒息性（呼吸麻痺），臓器毒性（脳神経系）があり，ACGIH（American Conference of Governmental Industrial Hygienists：米国産業衛生専門家会議）および日本産業衛生学会で許容濃度が定められている。亜急性毒性・

慢性毒性として，臓器毒性（心臓，腎臓）がある。NIOSH（National Institute for Occupational Safety and Health：[米国] 国立労働安全衛生研究所）からの勧告で許容濃度が示されており，健康影響への考慮として，刺激，神経・呼吸器を含めた急性かつ激しい症状があることが公表されている。わが国の法規制としては，労働安全衛生法施行令危険物（可燃性ガス）・特定化学物質，高圧ガス取締法一般高圧ガス保安規則（可燃性ガス，毒性ガス），大気汚染防止法17条第1項特定物質，悪臭防止法悪臭物質，危規則2高圧ガス，港則法施行規則（高圧ガス）で規制されている（勝田悟『化学物質セーフティデータシート』[1992年，未来工学研究所] 454～462頁より）。

*10　燃料電池の発電効率の向上

　わが国も国家的な技術政策として，1981年よりムーンライト計画（省エネルギー技術の開発を目的として始められた国家的な計画）で研究開発が進められ，開発目的となる発電効率は次第に高められている。第3世代として実用化が進められている固体電解質型燃料電池は，60％以上の発電効率を目指している。

　なお，発電効率とは，投入されたエネルギーの容量に対して発電されたエネルギーの容量の割合を示す。各発電の発電効率を示すと，石炭火力は約40％，石油火力は約37％，液化天然ガス火力は約41％，原子力は約34.4％である。発電設備の生産性を求めるには稼働率も乗ずる必要がある。各発電の稼働率（設備利用率）を示すと，石炭火力は約70％，石油火力は約20％，液化天然ガス火力は約50％，原子力は約80％である（数値は，資源エネルギー庁資料「1998年度一般電気事業者10社の平均値」[1999] による）。ただし，原子力は停止までに長期間運転し続けるため，夜間などに発電されたものは揚水発電など非常に効率の悪い発電に利用されるか，もしくは捨てられている場合があるため，各発電に関しての市場での消費実績も考慮する必要がある。

*11　公害防止管理者資格

　法に基づき製造業（物品の加工業を含む）および電気供給業，ガス供給業，熱供給業製造業では，汚染物質の外部への排出を防止するための測定・検査や改善策など技術事項を管理する者を内部で選任し，公害防止組織を整備しなければならない。公害防止管理者などの資格を取得するには，大気関係（第一種～第四種）公害防止管理者，水質関係（第一種～第四種）公害防止管理者，ダイオキシン類関係公害防止管理者，騒音関係公害防止管理者，特定粉じん関係公害防止管理者，一般粉じん関係公害防止管理者，振動関係公害防止管理者，公害防止主任管理者と，

区分ごとにそれぞれに関連の内容（概論，法令，防止技術など）を問う公害防止管理者試験（国家試験）に合格する必要がある。

＊12　環境計量士

　計量器の検査その他計量管理を適確に行うために必要な知識経験を有する者を，経済産業大臣によって計量士（国家資格）として登録する制度である（計量法第122条）。この計量士は，「計量士国家試験に合格し，かつ，計量士の区分に応じて経済産業省令で定める実務の経験その他の条件に適合する者」または「独立行政法人産業技術総合研究所が行う法規定に従う教習の課程を修了し，かつ，計量士の区分に応じて経済産業省令で定める実務の経験その他条件に適合する者であって，計量行政審議会が前述に掲げる者と同等以上の学識経験を有すると認めた者」が国に登録され，実務が行える。計量士の区分のひとつである「環境計量士」は，濃度に係る計量士（環境計量士［濃度関係］）と音圧レベルおよび振動加速度レベルに係る計量士（環境計量士［騒音・振動関係］）に分けられる。国家試験では，計量管理に関する概論，関連法規，技術に関する知識と幅広く出題されている。

3-2　国際条約

(1) 生物多様性

① 生態系

　人は生態系の一部として存在している。しかし，人の活動が拡大したことが理由で不自然に多くの種を絶滅させ，さらに絶滅の危機に瀕しているものも増えている。オオカミのように，食物連鎖の頂点にいる動物を意図的に死滅させた地域もある。その逆に，ペットとして大量に外来生物を輸入または国内で移動させ，特定の地域で（ペットとしての必要がなくなり）離され繁殖してしまうこともある。人為的に生態系の種と種の間のバランスが今までになく急激に変化し，長い年月をかけて創られた多様性が失われつつある。

　「生物多様性基本法」（2002年制定）では，「生物の多様性」とは，「様々な生態系が存在すること並びに生物の種間及び種内に様々な差異が存在することをいう」（第2条1項）と定義されており，特定の種が繁殖してしまうと，この法律の目的である「豊かな生物の多様性を保全し，その恵沢を将来にわたって享受できる自然と共生する社会の実現を図り，あわせて地球環境の保全に」を保つことはできなくなる。

　そもそも環境問題とは，地球上に生息する生態系の生き物に被害が発生することであり，地球（惑星）が泣くようなことではない。地球から生物が絶滅しても，他のほとんどの星と同じように無機質な状況になるだけである。環境問題とは，生態系，生物種，人間など個別生物へ被害が生ずることである。

　地球温暖化（または，少なくとも国内の気温上昇）の影響で，温暖な地域に生息していた昆虫類を北上させている。北海道には今までいなかったカブトムシが増殖し，九州に生息していた蝶の一種であるナガサキアゲハは東北にまで生息するようになり，クマゼミは北陸や南関東で頻繁に確認されるようになった（2015年現在）。農作物も，害虫の生息域が拡大したことで新たな害虫対策が進められ，生産地の北上で米など主要な作物に新たな品種改良が必要となり，

図3-6 高速道路に示されている動物注意の標識

道路では，しばしば動物が自動車と衝突することがある。人がほとんどいない山林などを高速で自動車が通る高速道路は，野生動物にとっては極めて危険な場所といえる。

すでにさまざまな対処が行われている。また，2011年3月に事故を起こした福島第一原子力発電所周辺の避難区域では，取り残された家畜が人の手から離れ野生化している。例えば，豚がイノシシと交配し生まれたイノブタが増殖してしまい，人家などに多大な被害を発生させている。

　生物多様性保全に関する環境活動とは，人為的に自然にダメージを与えると考えられるすべての問題（気候変動，オゾン層破壊，有害物質汚染など）に対する，すべての対策が対象になる。しかし，CSRレポートでは生物多様性に関する対策を狭義に捉え，生態系保全のために野生生物を保護する活動を紹介しているものが一般的である。わが国には，野生生物を保護する習慣が古来より多くあり，渡り鳥や四季折々の野鳥などを大事に扱ってきている。工場敷地内に鳥の巣箱を設置したり，社有林を保護したり，ビオトープ地域を設置したり，自然保護を従来より行っている企業が多い。

　しかし，自社の設備，商品，または原料などの供給源で野生生物（動物，植物，微生物など）に何らかの被害を及ぼしている可能性はある。風力発電設備は，回転しているブレードへのバードストライクが問題となっており，渡り鳥

や野鳥の多くが死亡している。天然ガスやシェールガスの採取場所では，地下にある大量の有害物質が吹き出し，周辺を汚染し生態系にダメージを与え，井戸水も使用できなくなる被害が発生している。ダムの建設では，湖底に多くの陸上の生態系が沈み，浚渫の排出，または栄養塩の流出の減少で，河口海域の生態系に影響及ぼしている。開発事業に関連する企業は，これまで以上に広い視点での環境アセスメントが必要である。

　他方，食品業界などの原料調達に関しては，レッドデータ（動物，植物）の対象物を使用していないか調査する必要がある。また，油脂など有機化合物を利用している業界なども同様である。食品加工，レストランなどにおいても，エコクッキングのように廃棄物を最小限にすることも必要である。また，食品加工で発生した廃棄物を健康商品，工業用材料などに製造している例（卵を利用する生産での廃棄物である殻でカルシウムを生成，甲殻類などからの加工でサプリメント生成，貝（炭酸カルシウム）をチョークに混合して機能向上させ販売）も増えており，新たな製品開発も期待される。

②　鳥獣保護から鳥獣管理へ

　ここ数十年の間に，気候変動による降雪の減少，耕作放棄地の増加，開発地域の拡大，高速道路などによる野生動物の生息地域の分断などで，生態系に大きなダメージが生じている。ニホンザルの生息域が人の住む地域に拡大したことで，各地でさまざまな被害が問題となった。その後，シカ，イノシシの生息域の拡大で，自然生態系，人の生活・農業に被害が発生している。2014年7月に農林水産省が公表した『鳥獣被害対策の現状と課題』では，鳥獣による「農作物被害額の推移」が，この6年間に196億円から230億円と増加傾向にあり，その7割がサル，イノシシ，シカであることが示されている。

　鳥獣の狩猟に関しては，銃など危険な道具を使用するため「鳥獣猟規則」が1873年（明治6年）に制定されている。その後，1895年（明治28年）に「狩猟法」，1918年（大正7年）に「鳥獣保護及狩猟ニ関スル法律」へ改正され，1963年の改正で初めて「鳥獣の保護」も視野に加えられた。1971年まで林野庁，以後は環境庁（現 環境省）が所管し，規制が実施されている。

しかし，前述のようにシカ，イノシシの個体数の急激な増加に対処するために，環境省では，2014年4月に「鳥獣の保護及び狩猟の適正化に関する法律」（鳥獣保護法）を見直し，適正な個体数を管理するために「狩猟により捕獲できること」と定め，法律名称も「鳥獣の保護及び管理並びに狩猟の適正化に関する法律」（鳥獣管理法）に改正した。図3-7の「シカの罠の注意書（鳥獣駆除）」は，この法律によって都道府県が策定した「特定鳥獣保護管理計画」に基づいて狩猟を認め，指定した区域に表示されているものである。地球温暖化によって生息が北上することも予想されており，今後新たに対策が必要になる地域が増加すると考えられる。

図3-7 シカの罠の注意書（鳥獣駆除）

独自の生態系が形成されている島は海で隔たれているため，他の地域から新たな動植物が持ち込まれたり，気候変化や開発などによる特定種の増殖・絶滅などで，固有の生物に変化が生じ始めており大きな脅威となっている。屋久島には外来種のタヌキが住み着き，奄美大島では野生化したヤギが繁殖している。新島をはじめ複数の島でシカが増えすぎ，住民に被害が発生している。

 文化財保護法では，「天然記念物」および「特別天然記念物」として，特定地域のカモシカ，シカ，ニホンザルなども保護しており，鳥獣対策との関係が難しくなると考えられる。その他，「絶滅のおそれのある野生動植物の種の保

存に関する法律」(種の保存法)では,絶滅のおそれのある種の保存などを行っているため,種間,生態系全体への影響を考慮した鳥獣管理を考えなければならない.また,外国から入り込む生物を規制する「特定外来生物による生態系等に係る被害の防止に関する法律」(外来生物法)での,駆除を鳥獣管理(捕獲)と総合的に実施していくことも必要となる.

野生動物の生態系における挙動が科学的にまだ十分に把握できていない部分が多く,専門家の判断がなければ,環境活動を行うことは難しい.

③ 人為的な自然破壊と保全

非意図的な人為的な活動で,貴重な生物が死滅する自然破壊も発生している.世界自然遺産に関し,この事例に相当するものが複数ある.世界文化遺産に指定されている富士山は,環境汚染が原因で世界自然遺産としての政府推薦ができなかった過去を持ち,未だに十分に改善されていない.自然遺産に登録できなかった原因を再検討し,環境改善を進めるべきである.環境NGO,企業のCSR活動で清掃活動が行われており,さらに啓発活動を向上させるべきであろう.屋久島では,世界自然遺産に指定されたことにより多くの観光客が訪れたことで,自然に影響を生じさせ,樹齢1,000年以上の屋久杉が枯れ,倒木してしまっている.持続可能な観光[*13]は,国際的に検討が行われており,各地域で環境保全が実施されているが,自然のメカニズムは極めて複雑であるため,予防を実施することは難しい.

日本の国立公園は,自然公園法に基づき,「わが国の風景を代表するに足りる傑出した自然の風景地(海域の風景地を含む)」について,国(環境省:環境大臣)が関係都道府県および中央環境審議会の意見を聴き,区域を定めて指定している.「自然公園法」では,国民の保健,休養および教化のために「優れた自然の風景地の保護」と「その利用の増進」を目的に運営されていたが,2010年に名古屋で開催された生物多様性条約締約国会議以降,生態学的な価値も注目されるようになり,2013年6月の改正で「生物の多様性に寄与すること」が定められた.

その後,1987年の北海道・釧路湿原以来,27年ぶりに2014年3月に新たに指

図3-8 観光客が多く訪れ、根が傷み枯れてしまった翁杉［屋久杉］

屋久島で、最も樹齢が長いとされている縄文杉などは、現在は展望台を設け、屋久杉の近くに立ち入ることはできなくなっている。しかし、翁杉以外にも観光道の脇には、倒木した木が複数ある。

定された国立公園である「沖縄県慶良間諸島（渡嘉敷島、座間味島、阿嘉島、慶留間島等の島々）及び沖合7キロメートルまでの範囲」では、多様な生態系が評価されている。その審査は、2010年10月に実施された「国立・国定公園総点検事業」の結果に基づき検討され、慶良間諸島地域が多島海景観と優れた海域景観に加え、沿岸から海域にかけて多様なサンゴ*14が高密度に生息するサンゴ礁や、ザトウクジラの繁殖地であることなどが挙げられている。慶良間諸島国立公園および西表石垣国立公園では希少動物の保護も行われており、指定動物として「タイマイ」、「アオウミガメ」、「アカウミガメ」が定められている。

また、沖縄県の西表島およびその沿岸海域が重要地域の1つとして選定され、「石西礁湖をはじめ石垣島、鳩間島及び波照間島の周辺海域においては、サンゴ礁等の自然度の高い海域景観が広がっているほか、西表島周辺部には優れた生物多様性が保たれている干潟や藻場が存在するとともに、陸域においても、優れた海岸景観、固有で希少な動植物、自然海岸林及びそれらと一体となった島の風景等が確認」されている。この地域では、原生状態に近い亜熱帯性常緑広葉樹林やマングローブ林、わが国最大規模のサンゴ礁（世界有数の造礁サンゴ類の種数を含む）があり、独自の進化を遂げたイリオモテヤマネコなどの八

重山固有の生物が生息している。

自然公園法では，特に必要があるときは，特別地域内に特別保護地区を指定することができ，環境大臣の許可がなければ次の行為が禁止されている。
- 木竹を損傷，木竹を植栽すること
- 動物を放つこと（家畜の放牧を含む）
- 屋外において物を集積し，又は貯蔵すること
- 火入れ又はたき火をすること
- 動物を捕獲し，若しくは殺傷し，又は動物の卵を採取し，若しくは損傷すること
- 道路及び広場以外の地域内において車馬若しくは動力船を使用し，又は航空機を着陸させること　　など

また，海域公園地区に指定されると，次の行為が禁止される。
- 環境大臣が指定する区域内において，熱帯魚，さんご，海藻その他の動植物で，当該区域ごとに環境大臣が農林水産大臣の同意を得て指定するものを捕獲し，若しくは殺傷し，又は採取し，若しくは損傷すること
- 海面を埋め立て，又は干拓すること
- 海底の形状を変更すること
- 物を係留すること
- 汚水又は廃水を排水設備を設けて排出すること。
- 環境大臣が指定する区域内において当該区域ごとに指定する期間内に動力船を使用すること　　など

したがって，国立公園に指定された地域は，環境影響評価法による自然保護よりはるかに厳しい法規制によって生物多様性を保護することが可能といえる。世界で初めての国立公園である米国のイエローストーンでは，山火事が発生しても消火活動など行わず，自然現象に人間がなるべく関わらない対策をとっている。見学に訪れた多くの人より，野生生物の活動が優先されている。わが国もこのような対処ができれば，さらに自然保護は大きく向上するが，わが国の国立公園内には，私有地面積が約4分1を占めており，居住する人も約65万人と多い。米国の約2万人，英国の約29万人を大きく上回っている。このため，

自然保全が必要なところは、国が民有地を買い上げる制度を行っているが、社有地などが国立公園に存在している場合、CSRの一環として何らかの対処を行うことが望まれる。

また、生態系は自然の変化に脆弱であることから、開発にあたっては科学的に十分な事前のアセスメントが必要である。自然の知的財産である野生生物の遺伝子が失われると、戻すことはほとんどできないため、生物多様性を慎重に考えなければならない。

④ 環境適応能力

1960年代から、お祭りなどで売られていたミドリガメ（ミシシッピーアカミミガメ）および国内の亀との交配種は、国内で最も多い亀の種類となった。ウシガエル（北アメリカ原産）やアメリカザリガニ、ホテアオイ（南アメリカ原産）なども国内に繁殖しており、ペットとして輸入されたアライグマや釣り団体によって大量に放流されたブラックバス（北アメリカ原産：ルアーフィッシング用）などが、国内の生態系を変えてしまった。アライグマは、農作物、人の生活にもさまざまな被害を与えている。

また、遺伝子を人工的に組換えられた動植物も新たな強い性質を持ち、自然環境中に放出されると他の生物を駆逐する可能性がある。植物の場合、除草剤に強く、少ない肥料や水でも効率的に成長する能力を持てば、排除することは難しくなる。わが国には、海外から入り込んだ遺伝子組換えセイヨウナタネが強力な生命力を持つ菜の花として、すでに西日本の一部で繁殖している（菜の花自体弥生時代に日本に移入した外来植物である）。

遺伝子は、自然が作った極めて重要な知的財産である。しかし、その機能は人が意図していたことをはるかに超えて、環境に影響を与えることがある。生物に関連した業務を行う企業は、CSRとして自然に与える影響を十分に評価する必要がある。

他方、自然の中で持続的に生息していくために、自ら厳しい環境の中で生息している生物もいる。草津温泉に生息する藻類（温泉藻：hot spring algae）であるイデユコゴメ（*Cyanidium caldarium*：出湯小米）（紅藻）は他の生物が生

きられないような約50〜80℃で強い酸（pH2程度：硫酸酸性）の環境条件下で生息し，持続可能性を求めて外敵が存在しない安全を優先した生き方を選択している。生物の遺伝子には，地球上で生きるための貴重な情報が膨大に備わっている。そもそも藻類（藍藻）は，地球上で初めて光合成を始めた生物であり，人類の究極の祖先ともいえる。度重なる地球の深刻な環境変化を乗り越えてきたことで，劣悪な条件で生息できる能力を身につけたと考えられる。

図3-9 草津温泉に生息するイデユコゴメ

草津温泉は，15世紀頃発見されたとされる温泉である。現在は，融雪など熱エネルギーの利用も行っている。しかし，地熱発電は温泉への影響が懸念され中止となっている。

　3億年前から存在するシダも，現在ではワラビやゼンマイのように数センチのものが多く見られ，数千から約1万5,000種類があると推定されている。石炭紀には数十メートルのものもあったとされ，現在でも10〜20メートル以上に達する木生シダも熱帯，亜熱帯地域で持続的に生息している。

　さまざまな自然の中で，その環境に応じて多様な生物が生息している。例えば水中には，淡水，汽水（淡水に海水が流れ込み比重が高い塩水が沈んだ希薄な水），海水と塩分濃度，圧力，温度など大きく異なる環境が存在しており，まだ人が発見していない生物が多く存在している。陸上においても昆虫，微生

物などまだ確認されていないものも多く存在し，それらすべての生物が生息している自然に適応し，持続的に生き続けている。

図3-10　木生シダ

木生シダは，湿度の高い地域を好み，乾燥すると絶滅する。「絶滅のおそれのある野生動植物の種の国際取引に関する条約」（通称：ワシントン条約）の規制の対象にもなっており，国際取引が制限されている。

　汽水域に広がるマングローブ（Mangrove）は，熱帯，亜熱帯の海岸や河口など，潮の干満の影響を受ける泥浜に生える水陸両生の常緑樹の林で，アジア東南部，ポリネシアなど世界各地に生息している。カニなどの甲殻類，さまざまな魚類，昆虫，鳥類など豊かな生態系を形成している。わが国では九州南部〜種子島，屋久島，奄美大島，沖縄の各島々にみられ，オヒルギ，メヒルギなどヒルギ科の植物が多く見られる。しかし，マングローブを燃料用バイオマスとして無計画に伐採したり，エビの養殖場などに変えられたり，生態系の崩壊が問題となっている。

この生態系の破壊に，日本の企業が直接または間接的に関わっていることがあり，CSRとして事業の見直しが必要である。関連業界の国際的な環境改善活動が期待される。前述の環境NGOなどの評価による企業の差別化が経営に大きなダメージ与える可能性がある。

　自然を利用した産業である農業は，以前は化学農薬，化学肥料などを大量に使用し，自然環境に逆らって単一植物を栽培することで環境破壊を発生させている。しかし，この問題の改善策が生物多様性の観点からさまざまに検討され，近年では環境に適応した栽培が推進されている。国連食糧農業機関（Food and Agriculture Organization of the United Nation：FAO）が2002年から世界重要農業遺産システム（GIAHS：Globally Inportant Agricultural Heritage Systems：GIAHS，以下「世界農業遺産」という）の運用をはじめ，農業における伝統的な農法や生物多様性などが保護された土地利用のシステムを次世代に継承している地域を認定している。途上国を対象とした認定地域が多いが，わが国の農業地域も認定を受けている。

　世界農業遺産を保護するために，環境NGOや遺産保護に意識を持った人々

図3-11　世界農業遺産（GIAHS）：石川県輪島市「能登の里山里海」千枚田

2011年に「能登の里山里海」が世界農業遺産に認定されている。石川県の北に位置する能登は，古代より日本の他の地域と交易が行われており，伝統的な文化が数多くある。人と自然が深く結びついた里山里海が存在し，「千枚田」もその1つとなっている。

が協力して活動している。企業も環境活動，またはCSRの一環として取り組むことで，社員への環境教育，モラールの向上が期待できる。

⑤ 自然の知的財産の利用

科学など知的財産は，自然からヒントを得て作り出されることがある。生態系を形成している莫大な生き物が持つ形，機能，システムからアイディアが浮かび，科学技術や社会システムに応用する「バイオミミクリー（biomimicry）」という手法がそのひとつである。この言葉は，「バイオ（Bio）：生物，生命」と，「ミミクリー（mimicry）：模倣，擬態」の2つの単語を組み合わせた造語である。バイオミメティクス（biomimetics），またはネーチャー技術（nature technology）とも呼ばれる。革新的な絵画を描き，彫刻家，哲学者，科学者でもあったレオナルド・ダ・ヴィンチ（Leonardo da Vinci）は，柔軟な思考で自然を繊細に観察して先進的な知見を見いだしている。まず自然を理解するために，人や動植物に関する解剖学的知識，月による潮の干満や気象・地質に関する考察，化石に関する推論などを示している。そして，生物の観察から現在の科学技術につながるものも考案している。例えば，トンボや蜂の動きからヘリコプターの原理を描き，鳥の羽ばたきから人が空を飛行する方法も考案している。

多様化した生物は，自然の中でそれぞれに長い期間をかけて，生きるための合理的な機能を身につけ，現在も進化が進んでいる。この進化の過程が重要な知識であり，過去から未来への知見を整備しているといえる。また，宇宙における地球外生命の存在に関する研究にも役立てている。人の遺伝子にも，自然に適応するために多くの知識が備わっている。長い年月をかけて積み重なった生きていくための経験が，遺伝子の中に記録されている。

自然の知的財産であるバイオミミクリーで得られた技術によって，自然に則した効率化が図られている。蜂の巣状にした形（六角形の穴を複数組み合わせた形）を模倣したハニカム構造（honeycomb structure）は，構造物の強度を高めたため軽量材料を実現し，金属製品，段ボールなどに使用されている。約5億1,000万年前から海に生息しているオウム貝の形状を参考にして静かな音

の扇風機のファンが考え出され，水圧が海面の数十倍になる水深約600mで生息できる生体の構造（殻）は潜水艦の設計に活かされた。サメの泳ぎ（及びサメ肌）は水中における流体抵抗の削減に応用され，蚊の針から痛みを感じにくくする注射針が開発されている。カワセミの空気抵抗を抑えたくちばしの形状は，高速走行する新幹線の先頭車両に応用されている。植物では，蓮の葉の無数の小さな突起（ロウ［ワックス］質）が水をはじく性能があり，撥水加工技術に利用されている。

バイオミミクリー技術は，製品の性能向上と環境負荷の減少が期待でき，環境効率の向上に貢献している。企業の環境商品開発における重要な技術となると考えられる。

図3-12 枝に止まり水中の魚を狙っているカワセミ

カワセミは，湿地帯や川などで張り出した枝などにとまり，水中の魚などを見つけると急降下して，長いくちばしでつかまえ食している。カワセミの形状の研究で，移動体の空気抵抗を減少させることができ，スピードアップに貢献し，省エネルギーも実現した。無駄なエネルギーをなくしたことで騒音も削減された。

この生物が持つ能力（知的財産）の遺伝子は，「生物多様性に関する条約」で，その生息地が存在する国の財産であることが国際条約で取り決められている。自由に生息している生物の能力にまで人の所有権が定められている。科学技術に関した工業所有権，音楽やキャラクターなどに関した知的所有権についても，世界各地で不法行為（違法コピーなど）が続発し，違法な商品で大きな

市場ができている。バイオミミクリーによって開発された技術も著作権違反がすでに発生している。「生物多様性に関する条約」では，「遺伝資源へのアクセスと利益配分（ABS：Access and Benefit-Sharing）」について議論されており，企業で，バイオミミクリーなど自然の知的財産を利用するときは，他人の権利に抵触していないか確認しなければならない。また，遺伝子の性質はすでにバイオインフォマティクス（bioinformatics）[*15]研究でほぼ解明され，動植物のクローンを作り出す技術，遺伝子組換え技術，細胞融合技術もすでに実用化，普及しているが，自然界へのリスクに関しては常に監視していかなければならない。

ただし，バイオミミクリー技術で，人が自然と調和していくための極めて重要な知識が得られると考えられる。環境活動の面からも研究開発が進められることが望まれる。

(2) 気候変動

① 不自然を維持するための開発

人は，暑くなると涼しく，寒くなると暖かく，ほしいときにほしい物を，遠くへは楽に早く到着し，快適なサービスを得たいと思っている。この欲求が満たされると，次第ににそれが当たり前になり，さらに多くの「もの」と「サービス」を望むようになる。人類にとって資源は果てしなく必要であり，いずれはそのすべてが廃棄物になるとわかっていても，自然の物質循環を無視して消費し続けている。日本には，四季折々の気候に合わせた農作物を食べるなど暮らし方があったが，季節感は失われつつある。世界各地から農作物，工業製品が運ばれ，国内でも流通が発達したため，経済性（コストとその効果の度合い）の判断で「もの」と「サービス」の供給が決められている。

経済力があれば，豊かなエネルギーによって季節による寒さ暑さに耐えることを和らげ，農作物も季節に関係なく作り出すことを可能にし，人に都合がよい環境を実現できるようになった。この不自然な状態を維持するには，エネルギーやプラスチック材料の原料である石炭，石油，天然ガスなどが大量に必要となる。これらは，オゾン層が形成したおかげで石炭紀（約3億6,000万年〜

約2億9,000万年頃)に陸上で大繁殖した生物の死骸であり,固定化された二酸化炭素である。

化石燃料を人類がほとんど消費していなかった縄文時代は,狩猟や漁猟,または自然の木の実などを採取し食糧を得,森林などバイオマスや自然にある岩石などをさまざまな材料として用いていた。日光や水の流れ,薪などをうまくエネルギーとして利用し,約1万年(紀元前1万年前後～紀元前4世紀頃まで)も持続的な生活を営んでいた。

しかし,現在は縄文時代と比較して人口が爆発的に増加し,科学技術の発展により莫大な資源が必要となった。その結果,昔から利用していた自然エネルギーや材料では,十分な「サービス」と「もの」が得られなくなり,高密度のエネルギーである化石燃料や原子力など,人工的に加工した燃料や地下から採掘した鉱物を加工した材料を大量に消費しなければならなくなっている。

地球に存在するものを,資源とするか廃棄物と見なすかは,人間の価値観で決められており,経済的価値がその価値判断となっている。すなわち,経済的な価値がある資源は,人によって採取され,消費されていくことになる。この消費は,地球的規模で進んでおり,多くの資源が化学的な不可逆的変化を生じさせている。特に化石燃料は固体または液体の有機化合物から気体の二酸化炭素と液体の水に変化し,宇宙からの赤外線(熱)を吸収し,地球の大気を温暖化させている。廃棄物になっても化学的にあまり変化しないもので,経済的にメリットが確保できたもの(経済的誘導施策も含む)は,リユースやリサイクルが図られるが,限られたもののみである。

資源であることを維持するには,コストの上限までであって,それを超えると富裕層のみの資源となり,いずれ価値自体が失われる。資源価格が上昇すると,採取コストが高額の地域からも供給が可能となり,見かけ上採取可能量が増加する。しかし,化石燃料を例にすると,限界可採量まで採取・消費が繰り返され,大気への二酸化炭素の排出量(または大気中の濃度)が増加し,気候変動が悪化することになる。資源価格が高騰すれば,省エネルギー技術開発,代替エネルギー技術開発が促進されるが,価格が低下すると容易に開発のインセンティブも消滅に向かう。国際的な経済は,社会的,政治的影響でこの変化

が繰り返し起こっている。この他，金融操作による経済バブルとその崩壊などで，資源の消費は大幅に増減し，実際の価値は複雑に変化しわからなくなってしまう。

　他方，経済力がある国のスーパーマーケットには，季節に関係なく，きゅうり，いちご，きのこなどの野菜，果物が揃い，多くの移動エネルギーを使い遠く海外から船に載ってやってくるものや，新鮮な食材を提供するために飛行機で運ばれてくるものもある。これら食品は，人が食して体内で得られるエネルギーよりも，温室栽培や輸送のための費やされるエネルギーのほうが圧倒的に大きいといえる。先進国の食品には，見た目ではわからない莫大なエネルギー消費があり，エネルギーコストの上昇とともにそれら食品の値段も上がっていくことが予測できる。さらに，エネルギー消費（地球温暖化）で変化した気候による農産物生産の減少および化学肥料過多による農地の疲弊・破壊が，さらに食品の値段を膨らませていくことになる。

図3-13 単一作物が広がる耕地（人工的な自然）

単一作物が広がる耕地は，害虫にとっては食べ放題のレストランであり，いったん害虫（またはウィルス）が広がると，人にとっては莫大な被害となる。農薬はこの対策に欠かせないものである。昔は，同じ耕地で同じ作物を作り続けることはなく，定期的に作物を変え，害虫対策を行っていた。現在は，人類が自ら発生させた気候変動への対処（品種改良，作付け地の北上）が必要となっている。

　人類が開発した経済システムと，科学技術の発展は，資源の枯渇と環境汚

染・破壊による損失のアセスメントをしていない。人の欲望の拡大が不自然を作り出し，生物が生存できる限界を試している。グリーン経済*16が推進され，企業の環境効率向上によって人類の発展に関し軌道修正されていくことが望まれる。

② 気候変動枠組み条約

「気候変動に関する国際連合枠組み条約」に基づく「京都議定書」（1997年採択，2005年発効）の結果を検証するための第一約束期間（2008～2012年）が経過して以降，地球温暖化防止の国際的取り組みは混沌としていた。

2012年11月～12月にカタール・ドーハで開催された第18回締約国会議（UNFCCC・COP18）で京都議定書を8年延長する第二約束期間を設定したが，地球温暖化原因物質削減義務国に指定されていた米国，ロシア，カナダ，日本がいち早く脱退の意思を示した。また，中国，インド，ブラジル，インドネシア，南アフリカなど，発展が著しく高い国内総生産がある工業新興国の自国による削減は以前のまま規定されず，現状解決のための先進的な決定とはなっていない。経済的に逼迫した国が複数発生した先進国，高い経済力を持った途上国および経済力がない途上国が，それぞれに自国の経済的利益の駆け引きを繰り広げた。このような現状が障害となって，気候変動の防止はなおざりになっていたといえる。しかし，「気候変動における政府間パネルの報告（IPCC）」では，気温が上昇し，世界各地で気候変動が認められ，海面が上昇（氷河が減り，海洋が水温上昇で膨張）による変化が発生していることを確認している。地球上で，以前に生物の大絶滅を発生させている二酸化炭素の海洋への溶解による酸性化*17も着実に進行していることも発表しており，この後の状況が注目される。

資源消費が経済的な影響を極めて大きく受けていることから，そのまま気候変動防止においても各国の利害関係が中心になったのは当然の成り行きといえる。この状況が変化したのは，2015年11月～12月にフランス・パリで開催された第21回締約国会議（UNFCCC・COP21）である。米国のオバマ大統領，中国の習近平主席，わが国の安倍首相など約150カ国の首脳が集まり，当該条約締

約国196ヵ国および地域（EU）による気候変動問題解決に向けての議論が行われた。この会議では，京都議定書から脱退した米国と，地球温暖化原因物質の削減義務を負っていなかった中国が，経済面で国際的なイニシアティブを持っていることから，両国の動向が注目された。特に，中国は2012年に開催された「持続可能な開発会議」（リオ＋20）では大きな途上国と述べ，地球温暖化対策に消極的だった。中国の姿勢で多くの途上国の対応が決まることが予想されていたため，どのように協力を得るかが焦点となっていた。

　米国のオバマ大統領（当時）は，パリ会議を"a turning point for the world."（世界のためのターニングポイント）と位置づけていたことから，強い拘束力を持つ「パリ議定書（protocol）」の採択に向けて調整が試みられた。しかし，積極的姿勢であった米国から議定書には懸念が示され，各国の歩調も合わなかったことから，柔軟性が高い「協定（agreement）」という形で合意を得ることとなった。

図3-14　自動車であふれる北京故宮前（天安門広場と隣接）

2015年時点で，世界で最も多くの二酸化炭素を排出する中国の動向により，世界の気候変動の状況が変化する可能性が高い。PM2.5（直径2.5μm以下の微小粒子状物質［Particulate Matter］）など，直接的に被害が発生している大気汚染も深刻化している（インドも同様）。

　採択された「気候変動に関する国際連合枠組み条約・パリ協定（Paris Agreement）」（2012年12月）では，全加盟国・地域が自主的な削減目標を国連に提出し，達成に向けた自国での対策を義務づけた。米国，中国，ロシア，カナダ，日本，EUなど147ヵ国・地域（世界の地球温暖化原因物質排出量の約86％を占める）は，会議が始まる前に地球温暖化原因物質排出削減目標を公表している。オバマ大統領からの見解もあり，2023年から5年ごとに世界全体で

対策の進捗状況を点検する制度も定められた。また，気候変動などによる被害を抑えるために，地球の平均気温の上昇を産業革命前から2℃未満に抑える目標と，ツバルなど島嶼諸国が強く求めていた1.5℃を目指して努力することに同意が得られた。さらに，地球温暖化原因物質の排出量を早期に減少へと転じ，今世紀後半には地球温暖化原因物質排出を「実質ゼロ」にすることを目指すことも定められた。

しかし，この協定の内容では，各国の対策結果を定量的に比較することはできず，あいまいな取り決めと言わざる得ない。また，米国，中国，その他の先進国，途上国の経済的な負担がどのように配分されるかは不明となってしまっている。途上国への資金援助に関しては，具体的な金額の明示は行われず，2025までに定めるといったあいまいな規定となった。ただし，2016年4月22日に米国・ニューヨークの国連本部で行われた「パリ協定」の署名においては，175の国と地域が署名し，15カ国が批准書（条約に関し法律の整備を行い，国家として権限がある者が確認・同意した文書）を寄託している。

③ 気候変動の予防

「パリ協定」で示された各国の地球温暖化原因物質削減目標（2015年4月現在）をすべて実現したとしても，当該協定で定めている2℃（産業革命後と比べ）上昇未満に抑えることはできないと考えられている。企業が，まだ発生していない被害を防止するために，巨大な経済的負担を費やすには，投資家，融資者およびその他ステークホルダーの理解が必要である。政府の政策では，国民の理解が不可欠である。しかし，多くの場合，トゥームストーンセーフティ（tombstone safety：墓石安全）による再発防止は，理解を得やすいが予防は困難である。トゥームストーンセーフティとは，被害・犠牲者が発生して初めて対策が行われることをいう。事故が発生してから交通信号機が付けられたり，柵が付けられたりする。2011年3月の福島第一原子力発電所事故の前に，数千億円をかけて津波を遮断するサブマリン構造を作ることに投資家（コスト消費），電力消費者（電気代の値上げ）の理解を容易に得られたかは疑問である。むしろ，事故後に，十分な予防が行われないまま発電が再開されることのほう

が懸念される。原子力発電所停止は，膨大な経済損失となっているからである。したがって，「予防（prevention）または予防安全（preventive safety）」を，気候変動防止対策に適応させるのは極めて困難であるのが現実である。

　しかし，気候変動によって，すでに大きな被害が世界のあちらこちらで発生しており，かなり社会問題化していることも事実である。ただし，気候変動と被害の因果関係が科学的に高いレベルで証明できないため，既存の経済システムを変えるには至っていない。第2章で論じた異常なエルニーニョ現象に見舞われたオーストラリアのように，大きな被害が現実に発生しなければ世論は高まらない。

　いつ，どこで，気候変動による大きな被害が発生するのかは，予見が難しい。宇宙で飛び回る彗星の動きなどは天体物理学の法則通りに予測できるが，地球の中および表面で発生する変化は不規則である。慢性的に変化する気候変動は，数十年または百数十年で変化が進み，突発的に悲惨な自然現象が発生するが，各国は地球温暖化対策より現在の経済へのダメージを最小限にすることを優先している。巨大台風，洪水，降雪，猛暑・寒冷，干ばつ，深海での酸性化などによる被害が発生した場合，政策は急激に変化すると考えられる。政治家の任期は気候変動の変化に比べて極めて短い。企業活動は，気候変動の原因である地球温暖化を悪化させている最も大きな要因であるため，突然発生した災害による政策の転換で大きなダメージがあることも考えられる。

　「墓石安全から予防」は，フォアキャスティング（forecasting：過去のデータなどに基づき将来を考える）で政策を行う政府の方針で行うより，企業サイドで対策を独自に行わなければならない。気候変動による被害を，バックキャスティング（backcasting：将来を予測して現在を振り返り行うべきことを検討すること）で考え，環境効率の高い商品を開発，普及していくことが望まれる。しかし，環境マーケティング（green marketing）の対象になる商品は限られるため，少なくとも前述のスコープ1,2,3における二酸化炭素など地球温暖化原因物質の排出量を把握する必要がある。環境負荷という面では地球温暖化原因物質に限られるわけではないが，LCA情報を整備しなければならない。これには，食品（異物混入など）ではかなり進んでいる製品に関するトレーサビリティー

(traceability) を確立する必要がある。

また，LCAの結果，二酸化炭素など地球温暖化原因物質の削減が困難な場合は，カーボン・オフセット（carbon offset）によって削減できなかった量に関して排出権（量）取引を実施したり，植林・森林整備，省エネルギーあるいは再生可能エネルギーへの投資などを行う方法がある。しかし，その削減効果が，長期的に考え有効なものであるかについて検討しなければならない。予防は，科学的に不明確な部分が多いため，環境活動と評価されるには，事前審査を十分にしなければならない。例えば，コンパクトシティ計画に関しては，路面電車のみの省エネルギーは確保できても街全体の効果は算出しにくく，政策面では，福祉面（老人の健康），共同溝，エネルギー供給管理，景観などのメリットなども複合的に検討されており，関連プロジェクトの目的を把握し，活動内容を精査しておく必要がある。

(3) 有害物質管理

① 人工化学物質

レーチェル・カーソンの著書『沈黙の春』（1962年）では，人工的な化学物質である農薬によって生態系が破壊されていることを警告している。その後，1996年にシーアコルボーンらによって出版された『奪われし未来』（1996年）では，環境中に放出された化学物質の環境ホルモン（内分泌攪乱物質）が，生物濃縮によって高濃度になり，食物連鎖の上位に存在する生物へのリスクを述べている。1960年代に問題になった四大公害（新潟水俣病，熊本水俣病，イタイイタイ病，四日市ぜんそく）をはじめ，各地で発生した環境汚染も食物連鎖によって濃縮された有害物質によって健康被害が発生している。わが国の四大公害の1つである水俣病[*18]が近年世界各地で発生し，2013年に10月に熊本県水俣市で「水銀に関する水俣条約」が採択されている。2011年3月に発生した福島第一原子力発電所の事故による放射性物質の放出による環境汚染では，地形の特徴によるフォールアウト（fallout：放射性微粒子の地上降下物）で，その存在確率が急激に上昇することもある。農作物などに放射性物質が含有される場合，そのリスクに応じて政府によって出荷制限[*19]などが行われている。

原子力技術，ナノテクノロジー（または，素粒子などさらに微小な粒子，波を扱う技術），バイオテクノロジーをはじめ，高度な技術が身近に使われるようになってきた現在，一般公衆にはそのリスクの性質自体理解することは難しくなっている。技術を実用化，普及する前に，環境リスクをはじめ，技術から発生するあらゆる面からの解析を行い，十分に知見を整備していかなければならない。新技術に関しては，政府，産業界による事前のリスク管理の検討は重要である。また，その結果に基づいた企業の研究所・生産事業所におけるリスク管理は，環境保全に関して不可欠な活動といえる。

　化学物質の環境リスクは，「ハザード（hazard）×曝露（exposure）」で表され，自然浄化を考慮し，濃度規制，または総量規制によって「曝露」を抑えるように環境法令が検討される。CAS（Chemical Abstracts Service）[*20]に登録されている化学物質は，2016年5月現在で約1億1,100万物質あり，莫大な種類が存在する。SDSをすべての化学物質に整備することは困難であるが，可能な限り情報収集し，労働安全衛生リスク，環境リスクを把握する必要がある。また，PRTR制度も含め，環境法令の対象となっている化学物質のみではなく，自社で使用している化学物質すべてのPRTR（Pollutant Release and Transfer Register）情報および貯蔵量，ならびにSDSを整備することが望まれる。一般公衆への情報公開も企業秘密など特別な理由がない限り実施されることで，定常時および事故時の環境リスクが事前に把握でき，予防策の計画が可能となる。

　化学物質の性質については，作業環境における許容値を示している米国産業衛生専門家会議（American Conference of Governmental Industrial Hygienists：ACGIH）発行の「作業環境における化学物質の許容濃度」，致死量が記載された米国立労働安全衛生研究所（National Institute for Occupational Safety and Health：NIOSH）発行の「化学物質有害性影響登録（RTECS, Registry of Toxic Effects of Chemical Substances）」が国際的に信頼できる化学物質情報を提供している。国際連合環境計画（UNEP）では，「化学物質の人及び環境への影響に関する既存の情報を国際的に収集・蓄積すること」および「化学物質の各国の規制に係る諸情報を提供すること」を目的として，別途国際有害化学物質登録制度（International Register of Potentially Toxic Chemicals；IRPTC）を実施し，

収集された情報は公開されている。この他，個別企業でもSDSを公開しているところがあり，情報整備の際に参考になる。これら情報を利用し，化学物質を取り扱っている企業および関連する企業は，SDSを整備することが必要である。多くの事業所で化学物質の放出，移動（廃棄物，下水），貯蔵情報から労働現場および環境のリスクを予測していくこと（化学物質の環境アセスメント）が望まれれる。

　これらリスク情報を，労働者，消費者，地域住民の「知る権利」として理解し，企業とのリスクコミュニケーションとして普及していくことが必要である。公害問題が発生していたときと異なり，近年では，工場と地域住民の話し合いが進み，見学会の開催などが定期的に行われている例が多い。ステークホルダーに対し，情報公開が進みつつあるといえる。CSRレポートも有効な方法である。しかし，情報を受ける側のステークホルダーが無関心である場合もあり，自身の安全のためにも「知る義務」の意識も持つ必要があるだろう。

　他方，環境汚染規制では，汚染を発生させる化学物質を規制するネガティブリストによる規制を行っているが，科学の進展に従い，農薬取締法のように使用可能なものを指定するポジティブリストによる規制が，漸次他の分野にも拡大してくると考えられる。将来を見通した環境経営・環境活動が必要であり，すでに情報整備に関しては企業間で格差が生じている。化学物質の有害性，危険性の調査研究は，国際的に進んでいることから，フリーライダーの存在可能な期間は一時的なものであり，化学物質に関する情報整備・公開は環境活動として重要な項目である。

② 天然資源とマテリアルリサイクル資源

　鉱物資源の多くは，現在の採掘コストでは，あと数年から数十年で調達が不可能になる。装飾品，工業用材料としても貴重な資源である金は，これまでに14万〜16万トンが採掘され，地下に埋蔵されている量は，4.2〜7万トンと推定されている。近年の年間採掘量が，2,500〜3,000トンであるため，使用済製品などからのマテリアルリサイクルが進まなければ20年程度で枯渇する。他の金属も同様な状況であり，鉱山から掘り出された材料のみで商品を製造するこ

とは困難になってくるといえ、枯渇が近づくにつれコストが上昇し、いずれマテリアルリサイクル材料の必要性が高まってくるだろう。

金価格は、1970年代から1980年代に一度高騰し、その後オイルショック（1973年、1979年）などの影響で、金が市場に流入したため価格が下落した。しかし、金は電気伝導性が非常に高く、化学的腐食にも強いため、電子部品などの高性能化に不可欠な材料である。さらに高熱を反射するため、航空・宇宙産業で、金箔がジェット機やロケットの断熱材としても使用されており、さまざまに工業的用途がある。需要は2000年以降急速に伸び続け、価格も継続的に上昇傾向にある。そして米国で起きた2007年のサブプライムローン破綻、2008年のリーマンショックで国際的金融不安となり、基軸通貨であるドルが信用を失ったことで一時的に資産を金に代える投資家の集中によって急激に高騰した。2000年頃には、350ドル／オンス（oz：約 28.3495231 グラム）だった価格が、2011年には1,750ドル／オンスになった。その後金融が安定したことで価格が下落したが、今後も長いレンジでは上昇傾向は続くと考えられる。

（なお、金の価格は、一般的にロンドン市場午後（または午前）の値決め結果（London PM [AM] Fix）が参考にされ、1オンスの値段が示されている。）

また、装飾品などで一般家庭などに存在する金もマテリアルリサイクルされ、金材料に再生されている。中古金スクラップともいわれ、近年では年間1,000～1,500トンが生産されている。金の値段が上昇傾向にあるときに特に増加する。環境省の公表では、マテリアルリサイクルによる金の製造量は、2004年の約900トンから、前述のようにリーマンショックの影響で2008年には約1,200トンに増加している。途上国などで、このマテリアルリサイクルの工程に水銀アマルガムを利用するため、水俣病が発生してしまっている。

新たな金の生産方法として、海水中に含まれる0.1～0.2ミリグラム／トン（総量の推定：550万トン）を分離し、濃縮することが30年以上前から研究されているが、未だ採算ベースに至っていない。現状では、マテリアルリサイクルがさらに増加すると予想される。企業の拡大生産者責任（使用済製品の処理）として、マテリアルリサイクルへの社会的責任は高まってくることは確実であり、他の鉱物資源についても同様である。製品を長寿命化することが、最も高い効

率(単位材料当たりサービス量が最も高くなる)であるが,使用済製品のリユース,マテリアルリサイクル,サーマルリサイクルを効率よく実施することが,メーカーなど関連企業のCSRである。企業の環境活動として,LCAを考慮した環境設計による環境効率が高いリサイクルを実現していかなければならない。

わが国では,2013年4月から「使用済小型電子機器等の再資源化の促進に関する法律(小型家電リサイクル法)」が施行され,使用済み小型家電から複数の化学物質が資源にリサイクル(再資源化または熱回収)されている[*21]。ただし,「特定家庭用機器再商品化法(家電リサイクル法)」と異なり,メーカーの拡大生産者責任による廃棄物の減量化を目的としたリサイクル義務は定められていない。小型家電の回収では,行政がイニシアティブを持って運営されていることから,回収・分解・再生に関して,企業が関連情報の提供など協力していくことが期待される。

③ 廃棄物処理処分

製品は時間の経過とともに,いずれすべてが廃棄物となる。分子,原子またはそれより微小な微粒子の状態で,分解・再生されれば廃棄物の発生はないが,現状では科学技術はその段階に至っていない。現在の廃棄物の焼却処理,埋め立て処分は,人の目に見えない科学的状態に変えるか,見えない場所に移動させているだけで,廃棄物を自然の物質循環に戻しているわけではない。

製品の長寿命化,リユースは,製品として存在できる期間を延ばしており(価値がある期間をのばしており),その増加したサービス量分だけ,廃棄物および資源の消費は減少する。その後適正にリサイクルされれば,マクロな視点で廃棄物および資源消費を抑えることを可能にしているといえる。すなわち,企業の廃棄物対策で最も効率的な方法とは,設計段階で製品の長寿命化,リユース,リサイクルを検討することである。エネルギーの消費でも,化石燃料は二酸化炭素やソックス(SOx),ノックス(NOx)など有害物質の気体廃棄物を発生させ,原子力は使用済核燃料,再生可能エネルギーは莫大な使用済施設を発生させるため,事前評価による計画段階での対処が必要である。エネル

ギーの場合は，単位燃料当たりのサービス量を増加させること（省エネルギー）が最も合理的である。企業の環境活動として，商品（もの，サービス）のLCAに基づく環境評価実施が重要である。なお，LCAで算出された環境負荷は，環境コストであることから，企業経営の面からLCCによる評価で定量的な検討が必要と考えられる。

図3-15 不法投棄禁止の標識

「廃棄物の処理及び清掃に関する法律」では，不法投棄に関して厳しい「罰則」を設けているため，刑法の特別法としても規制される。また，たばこなど規制対象外のものに対しても不法投棄問題の対策として，罰則を伴った条例（都道府県や市町村が定める規制）を設け，警察による規制を可能にしている自治体もある。監視員を設けたり，投棄した人の名前を公表していることもある。

また，企業から発生する廃棄物や使用済製品などはコストとなるため，環境意識のない企業による不法投棄も問題となる。廃棄物処理には，膨大な業者が関わるため，違法に利益を得るものも依然多く存在する。「廃棄物の処理及び清掃に関する法律」における廃棄物を追跡するマニフェスト制を遵守し，処理過程を厳しく監視することもCSRの一環といえる。各種リサイクル法令に関係なく，使用済自社製品（OEM［original equipment manufacturing］も含む）に関しては最終処分まで責任を持つ必要がある。これには，設計段階による配慮，グリーン調達（協力会社，下請け会社）との情報交換・管理が極めて重要になる。

≪より深く学ぶために≫

＊13　持続可能な観光

　世界観光機構（World Tourism Organization；WTO）と国連環境計画（UNEP）は，1983年に「持続可能な開発」の概念に基づいた「観光と環境に関する共同宣言」に署名し，1985年に開催された「第6回世界観光機関総会」で検討を行っている。国際自然保護連合では，「自然保護の手段としての観光」としてエコツーリズムのあり方を検討し，1992年に国連環境計画の協力により「ガイドライン―観光を目的とした国立公園と保護地域の開発―」を公表している。

　なお，エコツアーは，1960年代に中米で行われていたネイチャーツアーを称して呼ばれたのが始まりとされており，「ecology」と「tourism」の合成語であるエコツーリズムがエコツアーの理念的概念となっている。この概念は，自然保護のために経済的手段を導入しようとする考え方と，自然志向の旅行者のニーズ増加に対応しようとする観光産業の意図とが合致したことで急速に普及した。1994年に日本自然保護連合日本委員会が発表した「エコツーリズムのあり方を表したガイドライン」では，エコツアーの目的は，「自然環境に与える影響を最小限に抑えることを前提に，自然を観察・理解・楽しむこと」となっている。

＊14　サンゴ

　サンゴは，刺胞動物門花虫綱に属する動物（サンゴ虫）で，カンブリア紀（約5億4200万年前）に誕生し，オルドビス紀（約5億年前～4億4,000万年前）に床板サンゴや四射サンゴが出現し分布を広げている。この時代は，甲冑（かっちゅう）魚類が出現し，オウムガイ類が繁栄していた生物学的にも極めて重要な時期である。

　しかし，近年，オニヒトデによる食害などが深刻となり，国の自然再生事業として西表石垣国立公園の石西礁湖でサンゴ再生が実施されている。

＊15　バイオインフォマティクス

　1970年代から1980年代にかけて，遺伝子組換え実験が盛んとなり，1980年代終わりには，有用な遺伝子のほとんどが取り出すことが可能となっている。その後，ヒトゲノム（人（生物体）を構成する細胞に含まれる染色体の一組）の情報をすべて解読しようという研究が始まり，現在ではその情報がデータベース化され，医学・薬学・農学などの応用研究に極めて有用な情報を与えている。この情報解析をバイオインフォマティクス（生物情報科学）という。

*16 グリーン経済

2012年6月に開催された「国連持続可能な開発会議（リオ＋20）」で，経済，社会，環境の3つの側面で検討および調整が必要であることについて，国際的なコンセンサスが確認された。その具体的な対処として，経済と社会から環境が議論され，具体的には，「持続可能な開発及び貧困根絶の文脈におけるグリーン経済（グリーン経済）」と「持続可能な開発のための制度的枠組み（法的枠組み）」がテーマとなった。

「グリーン経済」については，環境保全と経済成長の両方の面から持続可能な開発を目指したが，開発途上国から慎重な対応を求める意見が相次ぎ，この会議では具体的な数値目標は決められなかった。この対処として会議採択文書で，環境を破壊することなく経済発展をするための「持続可能な開発目標」を作るために専門家会合を設け，2015年までに策定を目指すことを定めた。そして，2015年9月25日に国連総会で採択された「持続可能な開発のための目標（Sustainable Development Goals：SDGs）」のなかで当該目標が示された。

*17 海洋の酸性化

地球温暖化でまだ科学的に不明な部分が多い海中にも見えない変化が発生している。現在の海は，表面海水中でpHが約8.1，深くなるにつれてpHは下がり水深1,000m付近で約7.4と最も低くなるが，アルカリ性である。

2億数千年前のペルム紀に，火山活動が活発となり二酸化炭素が大量に発生したことにより地上が温暖化し，さらに永久凍土や海中のメタンハイドレートが溶け出し，メタン（二酸化炭素の温室効果の22～26倍と算出されている）が環境中に大量発生して地球全体に急激な温暖化を引き起こしたとされている。大量に排出された二酸化炭素は海に溶け込み炭酸となり，海洋を酸性化させたことで海洋生物を死滅させ，地球生物の約96％が絶滅したとされている。三葉虫（カンブリア紀から生息していた海生拙速動物）もこのときに絶滅している。

*18 水俣病

国連環境計画（UNEP）の2008年に発表された報告書"Technical Background Report to the Global Atmospheric Mercury Assessment"では，2005年に世界で水銀は3,798トン使用され，小規模な金の採掘，塩化ビニルモノマー製造工程，塩素アルカリ工業での消費が半分以上であることが示されている。特に，金の採掘における水銀の利用はずさんで，水俣病が世界各地で発生している。

工業新興国などで，工業用に重要な金属である「金（電気をもっともよく通す

金属，鍍金としてもっとも安定な性質）」が大量に必要になり，価格が上昇し，存在確率の低い金山からの採掘やマテリアルリサイクルが活発に行われている。簡易な金分離法で（常温で液体である唯一の金属である）水銀が粗雑に使用されていることから，水俣病が発生している。

＊19　出荷制限

　放射性降下物などが農作物，畜産物，水産物に関わるような汚染が発生した場合は，「原子力災害対策特別措置法」に基づき厚生労働省の食品安全委員会によって検討が行われ，食品衛生法（第6条）に基づいて出荷制限，摂取制限が発せられる。福島第一原子力発電所事故（2011年）において発せられた出荷・摂取制限には，野菜類（ホウレンソウ，コマツナ，カキナ，キャベツ，ブロッコリー，カリフワラー，パセリ，セロリ，カブ，原木しいたけ，たけのこ，くさそてつなど），水産物（イカナゴ，ヤマメ，ウグイ，アユ，ウナギ），原乳，その他（茶）について，期間と地域が示されて公表された。なお，水産物に関しては，河川の魚のみが規制制限となっており，海産物に関しては指定されていない。

＊20　CAS Registry Number

　"CAS registry" には，1800年代初めから現在までの科学論文で確認された化学物質のほとんど全部が収録されており，CAS RNに登録されるものは，有機化合物，無機化合物，金属，合金，鉱りょう，配位化合物（錯体化合物），有機金属化合物，元素，同位体，核子，タンパク質と核酸，重合体（ポリマー），構造を持たない素材（構造不定物質［Nonstructucturable materials：UVCBs］）である（2016年5月2日現在で，CASのWebサイト "CAS Database Counter" に公開された化学物質の登録数は，約110,940,000以上の無機および有機化合物，約66,000,000以上の遺伝子配列がある。また，実測および計算物性値［59億件以上の物性値・データタグ・スペクトル］が整備されている。さらに，1日当たり約15,000の物質が新規に追加登録されている。）。

　なお，米国化学会（Chemical Abstracts Service）に登録された化学物質は，化学文献など（応用化学，分析化学，生化学，高分子化学，化学工業分野などの政府刊行物，学位論文，単行本，特許など）に記述されたもので，CASナンバー（CAS No.）またはCAS RN（CAS Registry Number）が付けられている。この番号により，国際的に化学物質の同定（特定）が可能となっている。この他，次の検索も可能となっている。・物質に関する文献，・物性（沸点，融点など）の実測および計算物性値，・CA索引名と同義名，・市販の有無，・合成法，・スペク

トルデータ，・各国の規制情報

*21 使用済小型電子機器等の再資源化の促進に関する法律

　本法（法第4条4項）によって，鉄，アルミニウム，銅，金，銀，白金，パラジウム，セレン，テルル，鉛，ビスマス，アンチモン，亜鉛，カドミウム，水銀，プラスチックの15元素およびプラスチック（樹脂状の物質の総称）が規制対象となっている。「水銀に関する水俣条約」で対象となっている水銀も，日本から輸出されているため再資源化対象となっている（2015年現在）。対象となる小型電子機器等は28種類が定義され，「一般消費者が通常生活の用に供する電気機械器具であるものに限る」とされている。

　これら使用済み小型電子機器等は，市町村が回収し，環境省が認定したリサイクル業者が再資源化している。回収方法，対象品の具体的な範囲は，市町村が決めることとなっている。なお，携帯電話・PHSは専売店で，パーソナルコンピュータは製造したメーカーまたはパソコン3R推進協会が回収・リサイクルを行っている（送付は郵便局）。「資源の有効な利用の促進に関する法律」との関係が複雑である。

　環境省の推定（2013年）では，2011年に廃棄小型家電は約65.1万トン発生し，その中に有用な金属などが約27.9万トン含まれているとしている。資源の価値は約844億円と試算されている。また，経済産業省の発表（2013年現在）では，日本国内の「都市鉱山」には，金が約0.68万トン（世界の埋蔵量の約16％），銀が約6万トン（世界の埋蔵量の約22％），リチウムが約15万トン，プラチナが約0.25万トンが存在すると試算されている。

第4章 環境活動評価の項目

本章では，本書のまとめとして，企業が環境活動する際のチェックすべき項目を提案したい。経済は，人類の生活，開発を効率的に実施するための，人類が作り上げたシステムであり，うまくコントロールすれば社会の健全な発展が期待できる。しかし，異常な経済成長，金融操作などによるバブル経済が発生すると，無駄なもの，サービスがバーチャルマネーのもとで消費されることとなる。これまでの経済成長は，環境に配慮して行われてきたとはいえなく，バブル現象が発生すると急激に悪化する。この社会変動は，多くの無駄を生み，資源が莫大に消費されることで，環境の物質バランスが加速をつけて変化させてしまう。人は，目の前の経済は肌で実感することができるが，社会を大きく動かしている複雑な金融を理解することは極めて難しい。さらに，少しずつ進む環境の変化は，身の回りの生態系の消失でさえあまり気にとめない。他方，環境の変化は経済を莫大に変化させるトリガーとなる。

(1) 事業所管理とステークホルダー

企業は，この変化の中心に位置しており，中長期的に，経済変化，資源消費・環境変化を考慮しなければならない。この方針を計画的に進めるには，社内の担当部門が全社的な状況を把握する必要がある。把握する対象は，社内，グループ企業，協力会社・下請け会社などサプライチェーンが挙げられる。グループ企業は，海外にも展開していることも多く，情報収集など新たなシステムが必要になる場合がある。また，材料・部品の供給などどこまで遡れることができるかケースバイケースである。商品のLCAを行う際には，その情報収集の条件，実測値・推測値など妥当な方法を定めなければならない。業界での検討や政府による調査研究，ガイドラインが重要である。

環境リスクに関する情報として，関連情報をCSRレポートなどでステークホルダーに公開する場合，公開対象によって必要とされる情報は異なる。各ステークホルダーによって公開すべき情報内容を検討することも必要である。環境情報の種類は多く，専門家でなければ把握困難なもの，その専門的な情報も学術分野が異なり多岐にわたる。一般公衆や投資家などにわかりやすいかたちで公開しなければ，CSRレポートの意義は失われる。すべてのステークホル

ダーが環境活動すべてを理解できる記載とすることはほとんど不可能であるため，記載方法を工夫する必要がある。インターネットを使っての公開では，必要な部分のみを閲覧できる利点があり，配付資料の印刷，送付，残部などを回避できる。しかし，読者が企業全体の動向を把握するか否かは疑問であり，一部（または一部の表現のみ）が一人歩きすることも予想される。対象とするステークホルダーを想定した公開方法を十分に検討する必要がある。

　他方，環境問題には，その影響や原因についてまだ科学的に不明確なものもあり，特定の分野の学者（または研究家）の意見を引用する場合は注意を要する。気候変動や生物多様性など，広域・地球的規模の環境破壊については，科学的な根拠に基づくもの，または基づかないものなどさまざまな考察，意見がある。社会的注目が科学的な根拠を持つ知見に必ずしもあるとは言えず，一般公衆・消費者，事業所地域住民とのコミュニケーションなどでは妥当な説明が必要になる。視点を変えて環境活動を客観的に再点検する（チェック項目の再検討など）ことが望まれる。

表4-1　事業所管理とステークホルダーへの公開に関したのマトリックス分析の例

ステークホルダー ＼ 管理対象	ガイドライン GRI ISO26000 環境省	全社管理	グループ企業管理	サプライチェーン管理	その他
一般公衆・消費者					
事業所地域住民					
従業員					
学生					
環境NGO					
（研究者）必要に応じて					
投資家					
融資者					
取引先					
行政					
その他					

　従業員への公開はきわめて重要であり，環境活動に関しては，対等関係での

検討を進めなければならない。商品開発におけるブレインストーミングのように，自由な発想のもとでのボトムアップによる意見の収集分析で適切な判断となると考えられる。学生（就職活動とは関係ない）への公開は，利害関係がない客観的なレスポンスが期待できる。投資家・融資者，取引先への公開では，定量的な状況公開が求められることが予想され，環境会計のようなまだ検討中の部分が多い数値は注意が必要である。行政は，CSRレポートによる環境保護が向上推進する立場と，企業行動の監視（環境汚染防止関連法令，PRTRデータなどもCSRレポートで公開されている）の立場から情報評価を行うことから，行政への届け出データのまとめ方が重要となる。一方，テレビ，新聞などメディアを使っての公開は，一般公衆への啓発が期待でき，企業間における環境活動推進にインセンティブを与える

公開内容に関しては，GRIガイドラインは，詳細な記載方法を示していないとの立場であることから，包括的点検として使用し，具体的な記載が要求されている行政や業界のガイドラインで公開すべき項目・内容の有無を確認しなければならない。

事業所管理とステークホルダーへの公開に関して，**表4-1**のようなマトリックス分析を行い，公開主体への公開内容を整理する必要があると考えられる。

(2) 環境項目の点検

1960年代の公害問題を解決するために，環境活動の重要な基礎が作られ，「国連環境と開発に関する会議」（1992年）以降，人類すべてに係わる「持続可能な開発」に関する活動が試行錯誤され導入されている。商品の廃棄後における資源再生，資源（廃棄物）の減量化，省エネルギーなどLCAに基づいた環境配慮が図られ，環境商品の一般化が進められている。

対象とする環境も，地球規模の変化も含まれるようになり，環境負荷の考え方を基本的に見直す必要が発生している。例えば，廃棄物を中間処理として単純に燃やしただけでは，公害のおそれがある固体廃棄物から温室効果ガスである二酸化炭素，いわゆる気体廃棄物に状態を変化させたにすぎず，単なる環境問題の先送りである。他方，ISO14001（環境管理システム規格［EMS］）認証

の普及で，1996年以降社内体制整備が進んでいる。

労働安全衛生に関しても作業環境保全として，これまでに多くの検討，活動が行われており，重要な知見が備わっている。環境活動を行う際には，重要な項目であり，過去の経験が貴重な示唆を与える可能性が高い。

表4-2 環境活動における環境点検項目例

評価・点検・改善体制 　　EMS（Environmental Management Systems：環境マネジメントシステム）
目標値の設定 　　環境自主行動計画
情報公開 　　一般公衆の知る権利の確保　地域コミュニケーション 　　社内情報の収集・管理・公開（CSR，経営戦略）
具体的な項目 ① 環境パフォーマンス 　　　公害・環境汚染 　　　　大気汚染防止法，水質汚濁防止法など法令遵守 　　　　化学物質管理　SDS（ハザード情報整理）　PRTR（濃度・量情報整理） 　　　資源循環 　　　　資源消費減量化，廃棄物減量化（生産，使用済商品） 　　　　　リユース，リサイクル（サーマル，マテリアル，ケミカル） 　　　　長寿命化，環境設計 　　　地球環境対応 　　　　気候変動防止・地球温暖化対策 　　　　　（省エネルギー） 　　　　生物多様性保護・森林保護，生態系保護 　　　環境会計 　　　　環境汚染防止機器の効果，商品のLCC ② 労働 　　　労働安全衛生　管理 　　　教育訓練 　　　人権 ③ 商品 　　　環境効率向上 　　　　LCA 　　　　　LCC，環境会計 　　　　　　あるいは，資源生産性向上 　　　省資源

　　　　　減量化（生産，廃棄物），リユース，リサイクル
　　　　　省エネルギー
　④　コーポレートガバナンス
　　　　経営方針
　　　　　環境声明・環境情報公開
　　　　　社内体制・チェック機能
　　　　情報整備・各部門の協力
　　　　　問題発生時におけるリスク分析を可能なシステムを構築
　　　　　社内，グループ企業，サプライチェーンからの情報収集体制の整備
　　　　　汚染など予防，再発防止
　　　　　コンプライアンス
　⑤　第三者認証
　　　　第三者（専門家）による客観的審査
　　　　NGOによる審査・認証
　　　　　環境NGO，ISOなど業界団体

　今後，業界団体，NGO，行政による検討は，社会動向および自然の変化に伴い，適宜進展していくと考えられる。新たな環境問題が顕在化することも予測できる。その都度，関連情報の収集分析，新たなガイドライン，国際条約，法令・条例など規制の動向，背景を把握する必要がある。定期的なボトムアップ，ブレインストーミングなどによる自主的な問題点の検討も重要である。活動項目は，個別企業によってさらに細分化し，ステークホルダーとの関係を考え，CSRレポートの記載項目の内容と示し方を定めていくことで，信頼性，透明性が高い情報公開となると考えられる。

　OECDが提案した拡大生産者責任（EPR）では，「製品に対する生産者の物理的及び経済的責任を製品のライフサイクルの使用後の段階にまで拡大する」政策上の手法が示されており，世界的に浸透している。環境活動の重要な視点であり，協力企業などから情報を収集する方法として，企業が独自で公表しているグリーン調達の内容を充実させることで環境点検項目の信頼性が高まる。グリーン調達基準を公表すること自体が企業の環境への取り組みの姿勢を示していることとなる。

(3)　新たな技術，新たな事業の事前評価

　新商品，サービスや，都市開発など人工物の立地にあたって，経済的な評価

は当然実施されるが，環境に関して汚染などを予測し詳細に評価することは極めて難しい。自然エネルギーを利用している発電は，「環境にやさしい」といった表現がされることが多いが，すべての人工物は環境に影響を与える。水力発電設備，風力発電設備に関しては，その規模によってすでに環境影響審査で立地前に環境への影響の科学的審査および公開，周辺住民，関係行政との話し合いが義務づけられている。また，化学物質に関しては，法令および産業界の自主的な対処でその性質（ハザード）と量（曝露）の評価，すなわちリスク評価が進んでいる。ただし，国，業界，企業によって取り組みの格差は大きい。

　新たな技術，事業に関しては現在判明しているリスクと不明な部分を明確に把握する必要がある。安易に安全を強調すると，検知しないまま悪化した汚染や事故時などの対処が困難になり，リスクを拡大させるおそれがある。不明なリスクが突然表面化すると，過剰な不安，風評被害を生じさせることが懸念される。

　自然科学における発展は，さまざまな産業分野に影響を与え，新たな可能性を見いだすことが試みられている。しかし，人体への健康影響，財産の喪失および生態系へ新たなリスクを発生させるおそれがある。これまでと異なる汚染形態が発生する場合，新たな予防（対策技術，システムなど）や規制システムを検討し，構築しなければならない。各技術に固有な性質があることから，新たな個別技術及び環境保護の専門家によってそれぞれのリスク分析を行い，技術が普及する前に開発の一部として環境影響面を評価し，その結果に基づく対策が整備されることが望まれる。汚染が発生してしまった場合，既存の環境管理システムにおけるPDCAなどにおいて再発防止を検討しなければならない。汚染に関しての情報公開は，事前対策，事後対策の際に被害の拡大を防止するために不可欠なものであり，隠蔽したり，錯誤を起こさせるような情報発信はCSRを全く考えていない行為である（図4-1参照）。

　例えば，今後発展が期待されるナノテクノロジーは，原子レベル（またはそれより小さい素粒子など）を操作する技術で，素粒子の解明が進んでも一般公衆がその技術そのものを理解することはできない。原子力発電技術も同様である。原子力発電所の立地，普及に関しては，エネルギー政策および経済政策に

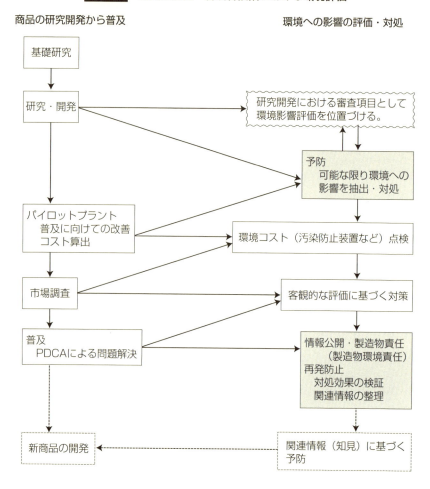

図4-1 新商品開発・普及各段階における環境評価

おける電力供給面が期待され，リスク分析は後追いとなっている。また，不安を抱く施設周辺住民などとのリスクコミュニケーションが不足している。核分裂，放射線，放射性物質の制御，環境中における挙動に関しては，まだ不明な部分が多く，解析を進めなければならない。不安定な状態となった原子核を中性子で制御する技術開発も進められており，リスク低減技術の開発や制度を推進しなければ社会的責任を持った技術にはならない。

新たな技術，新たな事業に関して，リスクを事前に評価し，環境影響の予防が図られることが望まれる。過去の公害を生み出した事例のように，技術の有益な部分のみを注目し，開発・普及を図るのではなく，技術，事業にはリスクが存在していることを十分に理解しなければならない。

　環境活動は，原料採掘，研究・生産，移動，廃棄物処理・処分の現場だけではなく，企業の事業活動すべてで必要である。商品の研究開発，企画段階での検討は最も重要であり，ビジネス全般に関してすべてを審査しなければならない。評価すべき環境活動は，拡大しており，企業価値の判断に重要な視点となっている。

おわりに

　環境問題は，年を追って複雑化し，多岐の分野に広がりつつある。環境活動で対象とする範囲も同様に拡大している。自然はナイーブで，人が作った社会システムは完璧ではない。理想的には，発生の恐れがある何らかの環境汚染，破壊，または事故を予防することが最も合理的であるが，問題を発生させる要因が散在しているのが現状である。リスクに関する事前検討は，必須であるが，すべてのリスク要因を見いだし対処することは極めて難しい。したがって，環境保護が正常に実施されていることを点検・モニタリングできるシステムを構築し，問題が判明した場合速やかに発見し，リスク分析を行い，改善，再発防止を図ることが最も重要となる。これは，PDCAシステムを取り入れているISO14000シリーズも同様である。失敗を見逃す（または隠蔽する）と，時間の経過とともに問題がさらに大きくなる。CSRレポートには，問題や失敗とその対処，効果を記述する必要がある。

　失敗の対処，緊急時の対処には，リスク分析に基づいた事前の教育訓練が最も重要である。経営悪化などで労働安全衛生，環境対策に消極的になると，非常に高いリスクを生じることとなる。また，リスクの存在を知りながら，生じるコストを回避するために対処を怠ると，企業の存在価値自体が問われることとなる。以前から，廃棄物の不法投棄，有害物質の違法な排出，商品の欠陥などを経営コストの節約と考え，「廃棄物の処理及び清掃に関する法律」，「製造物責任法」などで逮捕，罰金，損害賠償の対象となった事件が数多くあるが，その行為が非意図的か，意図的かで社会的責任違反のレベルが極めて大きく異なる。環境汚染には，その被害が慢性的に生じ，なかなか直接表面化しないものがある。慢性的な影響を逆手にとって法令違反したり，消費者などを欺く企業は，社会的に存在価値がない。組織内の従業員に対して行う企業はさらに罪が深い。

　また，商品を見ただけでは，社会的に無責任な行為が行われたのか否かわからないことがある。自分が使用しているスポーツ用品や衣服が，生産現場で子

供に修学をさせないで作られていたり，女性の深夜労働で作られたのかなどわからない。農作物の栽培においても過酷な労働が行われていることもある。または，経済的に優位な国・会社の優越的立場のもとに異常に低い価格で商品が取引されたり，価格操作されたりして，正当な価格で取引されていない場合もある。しかし，近年では，NGOなどの認証マークの有無で，コーヒーショップでコーヒーを一杯飲むだけで，その背景がわかるようになってきている。環境商品も複数の認証マークが存在する。個人においてもグリーン購入が可能になってきている。グリーンコンシューマーでなくても，環境商品，CSRを守った商品を購入することが社会的な慣習になりつつあるといえる。企業もグリーンマーケティングに注目している。

ただし，再生可能エネルギーの供給のように，発電地で自然破壊，環境問題が発生していたり，自動車の排ガス規制違反や燃費偽装など，虚偽の性能により環境商品を装う事件も増えており，新たな監視システムも必要になってきている。

これからさらに信頼できる環境活動が展開されていくことが期待される。

勝田　悟

《参考文献》

(1) GRI『GRIガイドライン第4版　報告原則および標準開示項目　日本語正式版』(サステナビリティ日本フォーラム，2014年)
(2) GRI『GRIガイドライン第4版　実施マニュアル　日本語正式版』(サステナビリティ日本フォーラム，2014年) 出版部，2015年)
(3) 環境省『環境表示ガイドライン【平成25年3月版】』(2013年)
(4) 勝田悟『グリーンサイエンス』(法律文化社，2012年)
(5) 勝田悟『環境政策―経済成長・科学技術の発展と地球環境マネジメント―』(中央経済社，2010年)
(6) 勝田悟『環境学の基本　第二版』(産業能率大学，2013年)
(7) 勝田悟『環境保護制度の基礎 第三版』(法律文化社，2015年)
(8) 後藤稠，池田正之，原一郎編『産業中毒便覧 第2版 増補版』(医歯薬出版，1981年)
(9) 勝田悟『化学物質セーフティデータシート』(未来工学研究所，1992年)
(10) 勝田悟『原子力の環境責任』(中央経済社，2013年)
(11) 勝田悟『環境情報の公開と評価―環境コミュニケーションとCSR―』(中央経済社，2004年)
(12) 勝田悟『生活環境とリスク―私たちの住む地球の将来を考える―』(産業能率大学，2015)
(13) カルロ・ペトリーニ，訳 石田雅芳『スローフードの奇跡』(三修社，2009年)
(14) 勝田悟『―知っているようで本当は知らない―シンクタンクとコンサルタントの仕事』(中央経済社，2005年)
(15) ドネラ・H．メドウズ『成長の限界―ローマ・クラブ人類の危機レポート』(ダイヤモンド社，1972年)
(16) ドネラ・H．メドウズ，デニス・L．メドウズ，ヨルゲンランダース，訳 松橋隆治，村井昌子，監訳 茅陽一『成長の限界を超えて―生きるための選択―』(ダイヤモンド社，1992年)
(17) ドネラ・H．メドウズ，デニス・L．メドウズ，ヨルゲンランダース，訳 枝廣淳子『成長の限界 人類の選択』(ダイヤモンド社，2005年)

⒅ 外務省国際連合局経済課地球間教室編『地球環境宣言集』（大蔵省印刷局，1991年）

⒆ 環境と開発に関する世界委員会編，訳 環境庁国際環境問題研究会訳，大来佐武郎監修『地球の未来を守るために（Our Commom Future）』（福武書店，1987年）

⒇ 国際連合『我々の世界を変革する：持続可能な開発のための2030アジェンダ 国連文書A/70/L.1』(2015)

㉑ UNDP資料『持続可能な開発目標（SDGs）採択までの道のり 2015年8月21日』(2015年)

㉒ ステファン・シュミットハイニー，持続可能な開発のための産業界会議『チェンジング・コース』（ダイヤモンド社，1992年）

㉓ 内閣官房水循環政策本部事務局『水循環基本計画 平成27年7月10日閣議決定』(2015年)

㉔ 菊谷正人他訳『グリーン・アカウンティング』（白桃書房，1996年）

㉕ 農林水産省『農林水産省地球温暖化対策総合戦略，平成19年6月21日決定，平成19年11月16日一部見直し，平成20年7月29日一部改定』(2008年)

㉖ 気候変動に関する政府間パネル（IPCC），気象庁訳（2015年1月20日版）『気候変動2013：自然科学的根拠 第5次評価報告書 第1作業部会報告書 政策決定者向け要約』(2013年)

㉗ 気候変動に関する政府間パネル（IPCC），環境省訳（2014年10月31日版）『気候変動 2014：影響，適応及び脆弱性 第5次評価報告書 第2作業部会報告書 政策決定者向け要約』(2014年)

㉘ 環境省（2014年8月版）『IPCC第5次評価報告書の概要―第3作業部会（気候変動の緩和）』(2014年)

㉙ 国際標準化機構，訳 日本規格協会訳『ISO 26000-Social Responsibility Discovering ISO 26000』(2011年)

㉚ 環境省『環境報告ガイドライン（2012年版）』(2012年)

㉛ 環境省『環境会計ガイドライン2005年版』(2005年)

㉜ 東近江市近江商人博物館『商家の家訓―子どもたちに伝えたいこと―』(2003年)

㉝ ジャパンエナジー，日立金属『大煙突の記録 ―日立鉱山煙害対策史―』(1994年)

(34) 新居浜市『―別子鉱山と近代化遺産― 未来への鉱脈 第4版』(2012年)
(35) 国立科学博物館『日本の鉱山文化』(1996年)
(36) 和鋼博物館『和鋼博物館 改訂版』(2007年)
(37) 農林水産省食料産業局バイオマス循環資源課,食品産業環境対策室 資料『食品ロス削減に向けて ~「もったいない」を取り戻そう!~ 平成25年9月』(2013年)
(38) 勝田悟『化学物質セーフティデータシート』(未来工学研究所,1992年)
(39) 農林水産省『鳥獣被害対策の現状と課題』(2014年)
(40) 勝田悟『環境戦略』(中央経済社,2007年)
(41) Global Reporting Initiative "Reporting Principles and Standard Disclosures" (2013)
(42) Global Reporting Initiative "Implementation Manual" (2013)
(43) Donella H. Meadows, Dennis L. Meadows, Jorgen Randers, and William W. Behrens III "The Limits to Growth." (New York: Universe Books,1972).
(44) U.S. EPA (Environmental Protection Agency) "RCRA Orientation Manual-1990 Edition" (1990).
(45) WICE (World Industry Council for the Environment) "ENVIRONMENTAL REPORTING 'A MANAGER's GUIDE'" (1994).
(46) CEFIC (European Chemical Industry Council) "CEFIC GUIDELINE ON ENVIRONMENTAL REPORTING FOR THE EUROPEAN CHEMICAL INDUSTRY.Approved by the Boad on 18 June 1993." (1993).
(47) Telekom "Umweltschutz durch Telekommunikation" (1993).
(48) Bayer "Environmental Report, December 1993" (1993).
(49) Ciba Werk Schweizerhalle "UMWELT" (1993).
(50) Ciba "Corporate Environmental Report." (1993).
(51) United Nations Environment Programme "Technical Background Report to the Global Atmospheric Mercury Assessment" (2008)

【参照ホームページ】

(1) サステナビリティ日本フォーラムHP
アドレス：http://www.sustainability-fj.org/gri/（2016年3月閲覧）

(2) 消費者庁HP「表示対策」
アドレス：http://www.caa.go.jp/representation/keihyo/yuryo.html（2016年3月閲覧）

(3) 年金積立金管理運用独立行政法人HP
アドレス：http://www.gpif.go.jp/gpif/pension.html（2016年3月閲覧）

(4) 環境省HP「責任投資原則」参考資料1
アドレス：https://www.env.go.jp/council/02policy/y0211-04/ref01.pdf（2016年3月閲覧）

(5) 国土交通省ネガティブ情報等検索システムHP
アドレス：http://www.mlit.go.jp/nega-inf/（2016年3月閲覧）

(6) 環境省HP「フォレスト　パートナーシップ　プラットフォーム」
アドレス：http://www.env.go.jp/nature/shinrin/fpp/certification/index3-5.html（2016年3月閲覧）

(7) Fairtrade International HP
アドレス：http://www.fairtrade.net/（2016年3月閲覧）

(8) 気象庁HP「予報用語」
アドレス：http://www.jma.go.jp/jma/kishou/know/yougo_hp/mokuji.html（2016年3月閲覧）

(9) 科学技術・学術政策研究所HP
アドレス：http://www.nistep.go.jp/archives/22697（2016年3月閲覧）

(10) 外務省HP「国際自然保護連合（IUCN）」
アドレス：http://www.mofa.go.jp/mofaj/gaiko/kankyo/kikan/iucn.html（2016年3月閲覧）

(11) 国際連合広報センターHP
アドレス：http://www.unic.or.jp/info/（2016年3月閲覧）

(12) 外務省HP「国連持続可能な開発会議（リオ＋20）」
アドレス：http://www.mofa.go.jp/mofaj/gaiko/kankyo/rio_p20/gaiyo.html（2016年3月閲覧）

⒀ 外務省HP「生物の多様性に関する条約」条文

アドレス：http://www.mofa.go.jp/mofaj/gaiko/kankyo/jyoyaku/bio.html（2016年3月閲覧）

⒁ 経済協力開発機構HP主要統計「より良い暮らし指標（Better Life Index: BLI）について」

アドレス：http://www.oecd.org/tokyo/statistics/aboutbli.htm（2016年3月閲覧）

⒂ 外務省HP「ODA（政府開発援助）」

アドレス：http://www.mofa.go.jp/mofaj/gaiko/oda/index.html（2016年3月閲覧）

⒃ 内閣官房水循環政策本部事務局HP

アドレス：https://www.kantei.go.jp/jp/singi/mizu_junkan/pdf/gaiyou.pdf（2016年3月閲覧）

⒄ 環境省HP「自然環境・生物多様性」

アドレス：http://www.env.go.jp/nature/kisho/hozen/hozonho.html（2016年3月閲覧）

⒅ 環境省HP「もっと知りたい環境報告書」

アドレス：https://www.env.go.jp/policy/envreport/index.html（2016年3月閲覧）

⒆ 農林水産省HP

アドレス：http://www.maff.go.jp（2016年4月閲覧）

⒇ WBCSD HP

アドレス：http://www.wbcsd.org/home.aspx（2016年4月閲覧）

㉑ 経済産業省HP

アドレス：http://www.meti.go.jp（2016年4月閲覧）

㉒ 資源エネルギー庁HP

アドレス：http://www.enecho.meti.go.jp（2016年4月閲覧）

㉓ MSC認証HP

アドレス：https://www.msc.org/?set_language＝ja（2016年4月閲覧）

㉔ ASC認証HP

アドレス：http://www.asc-aqua.org/index.cfm?act＝tekst.item&iid＝403&lng＝7（2016年4月閲覧）

㉕ WWW HP

アドレス：http://www.wwf.or.jp/（2016年4月閲覧）

(26) 文部科学省HP「日本ユネスコ国内委員会」
アドレス:http://www.mext.go.jp/unesco/004/1339970.htm（2016年4月閲覧）
(27) 省エネルギーセンターHP「エネルギー管理員・エネルギー管理企画推進者」
アドレス:http://www.eccj.or.jp/mgr1/（2016年4月閲覧）
(28) 農林水産省HP「世界農業遺産・日本農業遺産」
アドレス:http://www.maff.go.jp/j/nousin/kantai/giahs_1.html（2016年5月閲覧）
(29) CAS（Division of The American Chemical Society）HP
アドレス:http://www.cas-japan.jp/（2016年5月閲覧）
(30) ACGIH（American Conference of Governmental Industrial Hygienists）HP
アドレス:http://www.acgih.org/（2016年5月閲覧）
(31) CDC（Centers for Disease Control and Prevention）HP "National Institute for Occupational Safety and Health"
アドレス:http://www.cdc.gov/niosh/（2016年5月閲覧）
(32) UNEP（United Nations Environment Programme）HP
Chemicals "International Register of Potentially Toxic Chemicals（IRPTC）"
アドレス:http://www.un.org/earthwatch/about/docs/Pdepche.htm（2016年5月閲覧）

索　引

■ 欧　文 ■

ACGIH … 162
ASME … 100
BCSD … 64
BRIICS … 83
CAS … 162
CBCC … 82
CCS … 57
CDM … 49
CDP … 117
CEFIC … 94
DDT … 117
EDF … 117
ELV … 102
EMAS … 84
EPCRA … 94
ERP … 80
ESD … 132
ESG … 11
FAO … 112
FSC … 119
HACCP … 111
HEMS … 129
ICC … 79
IGBP … 76
IHDP … 76
IPCC … 12
IRPTC … 162
ISO … 84
IUCN … 44
JI … 63
LCA … 7

LCC … 73
LUCC … 76
NIOSH … 162
PIIGS … 32
PRTR … 8
ROE … 18
RoHS … 102
RSPO … 120
SDS … 40
SRI … 11
TMI … 14
TQC … 86
UNPRI … 11
WBCSD … 65
Weee … 102
WICE … 64
WWF … 44

■ あ　行 ■

アジェンダ21 … 47
アスベスト … 13
アール・バッツ … 61
アンソニー・アラン … 24
イデユコゴメ … 148
遺伝資源へのアクセスと利益配分 … 49
伊藤レポート … 18
インタープリター … 133
インバースマニファクチャリング … 39
ウォーターフットプリント … 24
売れ残り食品の廃棄を禁止する
　法律 … 113
英国環境管理システム規格7750 … 84
エコシティ … 92

エコツアー ……………………………… 166
エコビランツ …………………………… 73
エコポリス ……………………………… 92
エコマーク ……………………………… 87
エコロジカル・フットプリント ……… 16
エドワーズ・デミング ………………… 86
エネルギー管理士 ……………………… 131
エネルギーの使用の合理化等に
　関する法律 ………………………… 131
エルニーニョ …………………………… 101
エンソ …………………………………… 102
エンドオブパイプ方式 ………………… 45
近江商人 ………………………………… 109
汚染者負担の原則 ……………………… 48
オバマ …………………………………… 30

■　か　行　■

ガーナー ………………………………… 77
拡大生産者責任 ………………………… 3
仮想水 …………………………………… 55
カネミ油症事件 ………………………… 111
カーボン・オフセット ………………… 161
カーボンニュートラル ………………… 136
カルロ・ペトリーニ …………………… 30
環境会計 ………………………………… 97
環境会計ガイドライン ………………… 9
環境カウンセラー ……………………… 132
環境基本法 ……………………………… 67
環境教育等による環境保全の取組の
　促進に関する法律 ………………… 133
環境計量士 ……………………………… 140
環境権 …………………………………… 52
環境情報の提供の促進等による特定
　事業者等の環境に配慮した事業活
　動の促進に関する法律 …………… 98
環境と開発に関するリオ宣言 …… 46, 49
環境表示ガイドライン ………………… 10
環境報告ガイドライン ………………… 9

気候変動に関する国際連合枠組み
　条約 …………………………… 10, 46
木生シダ ………………………………… 150
京都議定書 ……………………………… 10
金融工学 ………………………………… 32
国等による環境物品等の調達の
　推進等に関する法律 ………… 38, 103
グリーン・コンシューマー …………… 71
グリーンコンシューマー10原則 ……… 99
グリーン調達基準 ……………………… 103
グリーンピース ………………………… 117
グロ・ハーレム・ブルントラント …… 45
経団連環境アピール──21世紀の
　環境保全に向けた経済界の自
　主行動宣言 ………………………… 80
経団連地球環境憲章 …………………… 80
原子力損害の賠償に関する法律 ……… 14
公正取引委員会 ………………………… 21
幸福度 …………………………………… 51
国際金融公社 …………………………… 5
国際標準化機構 ………………………… 84
国際フェアトレード認証 ……………… 120
国連環境と開発に関する会議 ………… 20
国連グローバル・コンパクト ………… 21
国連持続可能な開発会議 ……………… 47
国連持続可能な開発のための教育 …… 132
国連難民高等弁務官事務所 …………… 50
国連人間環境会議 ……………………… 9
国連の開発と環境に関する
　世界委員会 ………………………… 45
コフィー・アナン ……………………… 11
コーポレート・アイデンティティ …… 31
コモンズ保存協会 ……………………… 113
コンパクトシティ ……………………… 92

■　さ　行　■

サステナビリティ・レポーティング・
　ガイドライン ……………………… 8

サブプライムローン	32
サプライチェーン	33
サーマルリサイクル	3
酸性雨	3
3分の1ルール	111
シーアコルボーン	161
シエラクラブ	115, 116
シェリー・アンダーソン	30
シェールガス	40
紫外線	125
自然資本	2
持続可能な開発及び貧困根絶の文脈におけるグリーン経済	51
持続可能な開発に関する世界首脳会議	51
持続可能な開発のための制度的枠組み	51
持続可能な開発のための目標	53
シビアアクシデント	14
シューハート・サイクル	34
使用済小型電子機器等の再資源化の促進に関する法律	165
食品衛生法	111
食品循環資源の再生利用等の促進に関する法律	112
ジョン・エルキントン	72
ジョン・ミューア	115
森林シンク	63
水銀に関する水俣条約	161
水質汚濁防止法	45
水素融合	2
スコープ	117
スターン	74
スチュワードシップ・コード	17
ステークホルダー	11
ステファン・シュミットハイニー	64
スーパーファンド法	94
スマートグリット	30
成長の限界	44
生物多様性基本法	141
生物多様性に関する条約	46
世界環境戦略	45
世界環境デー	11
世界重要農業資産システム	151
世界の文化遺産および自然遺産の保護に関する条約	115
赤外線	125
赤道原則	5
セクシャルハラスメント	16
絶滅のおそれのある野生動植物の種の国際取引に関する条約	62
絶滅のおそれのある野生動植物の種の保存に関する法律	144

■ た 行 ■

ダイオキシン類	13
大気汚染防止法	45
ダーウィン	6
チェルノブイリ原子力発電所	14
鳥獣の保護及び管理並びに狩猟の適正化に関する法律	144
デニス・L．メドウズ	44
デビッド・ブラウアー	74
デビット・ピアース	73
トゥームストーンセーフティ	159
特定化学物質の環境への排出量の把握等及び管理の改善の促進に関する法律	20
特定家庭用機器再商品化法	39
特に水鳥の生息地として国際的に重要な湿地に関する条約	62
ドネラ・H．メドウズ	44
トリプルボトムライン	27

■ な 行 ■

ナイロビ会議	46

ナショナル・トラスト ……………… 116
ネガティブ情報 …………………………… 15
年金積立金管理運用独立法人 ……… 12
燃料電池 …………………………………… 127

■ は 行 ■

バイオインフォマティクス ………… 154
バイオミミクリー ……………………… 152
バイオミメティクス …………………… 152
廃棄物の処理及び清掃に関する
　法律 ……………………………………… 112
排出権取引 ………………………………… 63
バードストライク ……………………… 142
パリ協定 ………………………………… 158
パワーハラスメント …………………… 16
ビオトープ ……………………………… 134
ビギンオブパイプ ……………………… 73
日立鉱山 ………………………………… 109
フィランソロピー ……………………… 81
フェアトレード ………………………… 16
フォード …………………………………… 61
フォールアウト ………………………… 50
福島第一原子力発電所 ………………… 14
ブータン …………………………………… 51
不当景品類及び不当表示防止法 …… 10
フードマイレージ ……………………… 113
ブランディング ………………………… 29
ブルーエンジェル ……………………… 118
ブレーンストーミング ………………… 29
プロジェクトファイナンス …………… 6
米国再生再投資法 ……………………… 130
別子鉱山 ………………………………… 108
ポジティブ情報 ………………………… 16
ポール・レイ …………………………… 30

■ ま 行 ■

マーケットイン ………………………… 38

マテリアルリサイクル ………………… 7
マニフェスト制 ………………………… 166
マリーン認証 …………………………… 119
マングローブ …………………………… 150
緑の未来イニシアチブ ………………… 50
ミレニアム開発目標 …………………… 54
メセナ活動 ……………………………… 82
メタンハイドレート …………………… 40

■ や 行 ■

屋久杉 …………………………………… 145
有害廃棄物の国境を越える移動及び
　その処分の規制に関するバーゼル
　条約 ……………………………………… 48
有機溶剤 …………………………………… 13
ユニオンカーバイトインディア社 …… 13
容器包装に係る分別収集及び再商品化
　の促進等に関する法律 ……………… 39
よき企業市民 …………………………… 82
予防 ……………………………………… 160

■ ら 行 ■

ラドン …………………………………… 123
ラニーニャ ……………………………… 102
ラブカナル ……………………………… 114
リスクコミュニケーション …………… 3
リーマンショック ……………………… 32
レインフォレストアライアンス …… 119
レーチェル・カーソン ……………… 161
レスポンシブルケア活動 …………… 104
レッドデータ …………………………… 58
労働安全衛生 …………………………… 16
ロックフェラー財団 …………………… 61
ロハス …………………………………… 28
ロブ・グレイ …………………………… 73
ローマクラブ …………………………… 44

【著者紹介】

勝田　悟（かつだ　さとる）

1960年石川県金沢市生まれ。東海大学教養学部人間環境学科・大学院人間環境学研究科教授。工学士（新潟大学）［分析化学］，法修士（筑波大学大学院）［環境法］。＜職歴＞政府系および都市銀行シンクタンク研究所（研究員，副主任研究員，主任研究員，フェロー），産能大学（現 産業能率大学）経営学部（助教授）を経て，現職。

[主な著書]
[単著]
『生活環境とリスク―私たちの住む地球の将来を考える―』（産業能率大学出版部，2015年），『環境保護制度の基礎 第三版』（法律文化社，2015年），『環境学の基本 第二版』（産業能率大学，2013年），『原子力の環境責任』（中央経済社，2013年），『グリーンサイエンス』（法律文化社，2012年），『環境政策―経済成長・科学技術の発展と地球環境マネジネント―』（中央経済社，2010年），『環境学の基本』（産業能率大学，2008年），『地球の将来―環境破壊と気候変動の驚異―』（学陽書房，2008年），『環境戦略』（中央経済社，2007年），『環境概論』（中央経済社，2006年），『早わかり アスベスト』（中央経済社，2005年），『―知っているようで本当は知らない―シンクタンクとコンサルタントの仕事』（中央経済社，2005年），『環境保護制度の基礎』（法律文化社，2004年），『環境情報の公開と評価―環境コミュニケーションとCSR―』（中央経済社，2004年），『持続可能な事業にするための―環境ビジネス学』（中央経済社，2003年），『環境論』（産能大学；現　産業能率大学，2001年），『―汚染防止のための―化学物質セーフティデータシート』（未来工研，1992年）など

[共著]
『企業責任と法―企業の社会的責任と法の在り方―〔企業法学会編〕』（文眞堂，2015年），東海大学教養学部40周年記念出版委員会編『21世紀のKEYWORD』（東海大学出版会，2008年）『―文科系学生のための―科学と技術』（中央経済社，2004年），『現代先端法学の展開〔田島裕教授記念〕』（信山社，2001年），『―薬剤師が行う―医療廃棄物の適正処理』（薬業時報社；現 じほう，1997年），『石綿代替品開発動向調査〔環境庁大気保全局監修〕』（未来工研，1990年）など

環境責任
――CSRの取り組みと視点

2016年9月1日　第1版第1刷発行

著　者　勝　田　　　悟
発行者　山　本　　　継
発行所　㈱中央経済社
発売元　㈱中央経済グループ
　　　　パブリッシング

〒101-0051　東京都千代田区神田神保町1-31-2
　　　　　　電話　03 (3293) 3371 (編集代表)
　　　　　　　　　03 (3293) 3381 (営業代表)
　　　　　　http://www.chuokeizai.co.jp/
　　　　　　印刷／三英印刷㈱
　　　　　　製本／㈱関川製本所

©2016
Printed in Japan

＊頁の「欠落」や「順序違い」などがありましたらお取り替えいたしますので発売元までご送付ください。(送料小社負担)
ISBN978-4-502-19811-3　C3034

JCOPY〈出版者著作権管理機構委託出版物〉本書を無断で複写複製(コピー)することは，著作権法上の例外を除き，禁じられています。本書をコピーされる場合は事前に出版者著作権管理機構(JCOPY)の許諾を受けてください。
JCOPY〈http://www.jcopy.or.jp　eメール：info@jcopy.or.jp　電話：03-3513-6969〉